為什麼賺不到錢

陳冠宇◎著

作者序

風水大師 陳冠宇

失業與創業的迷思

在最近這幾年以來，明顯的發現過去一些熱鬧的地段和商圈，如今變得冷清多了，原本一位難求的金店面，現在紛紛拉下鐵門，貼上「租」、「售」的紅紙條，國內的景氣如何，由此可見一般。

其實不只是國內如此，全球現在正在經歷「百年難得一見」的經融風暴，各國政府無不繃緊神經、小心應對，因為金融體系不斷地出問題，也拖累了其他各個產業，大到百年大企業、小到一般公司行號，幾乎無一倖免。在這波衝擊之下，各國的失業率紛紛創下歷史新高，特別是一些資深的老員工，成為了首批被資遣的祭品，這些人將自己最黃金的青春歲月奉獻給了公司，但到了緊要關頭，卻變成了公司的累贅，成為中年失業一族，他們一來年紀大了，很難再找到合適的工作，二來也有許多人放不下身段和過去累積下來的成就，因此再也無法回到職場上，雖然看了很心疼，但這是大環境使然，各國都有類似的現象。

　　至於年輕人也好不到哪去，企業為了渡過難關，想盡各種手段要延續公司的命脈，其中精簡人事開支就是手段之一，甚至有些企業明明還應付的來，卻趁著這波裁員風潮惡意資遣員工或強迫大家放無薪假，裁員都還來不及了，怎麼還會想招募新人？那麼每年有十餘萬剛踏出校園、毫無工作經驗的社會新鮮人，即將面對的就是「畢業即失業」的窘境。在這種情形之下，就有一些專家開始鼓吹這些中高齡失業族群和剛出社會的新鮮人走出自己的路，也就是創業。

　　雖然創業的確是解決當前失業問題的方法之一，不過根據統計，自行創業的成功比例不到總創業人數的二成，也就是說，十個創業的人當中，有八個要再一次面臨事業失敗的打擊，這其實是非常不堪的事情。為何創業失敗的機率會這麼高？其實仔細分析起一下，就會知道答案。

　　創業一般分成主動創業和被動創業兩種，主動創業者通常本身就具備開創性人格，並且對於自己所開創的行業已有深入的瞭解，反觀那些因為失業或找不到工作而被迫創業的人，通常是在不得已的情況下才走上創業一途，為創業而創業，先天條件上就差了一大截，再加上對事業經營的不熟悉，經不起市場的競爭，很快的就會被淘汰了。

在金融風暴所帶來的衝擊，中年失業族難以再回到職場，只好被迫創業。

風水是讓事業成功的秘密武器

　　不管你是屬於上述兩種當中的哪一種人，如果你真的有心創業，不論是設立公司行號或經營一家店面，只要用對方法，你還是可以在困境中出人頭地、在所有數據都是負成長的情況下賺到錢！這裡的方法包括了自己的本職學能、經營理念、經營手法、管理技巧、行銷方式等等，都必須面面俱到，不過不管是那一項，終極目標都是一致的，那就是「賺錢」！

　　如果你自覺在商業經營方面都已經盡了力，但卻始終

無法賺到錢，或者你想第一次創業就成功，想要做好一切事前的準備，不想漏掉任何會導致失敗的因子，那麼這本書的內容就是專門為你所準備的！

根據一項調查顯示，國內越是成功的大企業就越重視風水，而且幾乎所有賺錢的企業集團都有自己專屬的風水顧問，從這一點來看，我們就不得不承認風水對於事業成敗的重要性。為什麼成功者總是少數？誠如上述所言，一個成功的企業或賺錢的店面必需靠各種條件的互相配合，而這些成功的人佔盡了天時、地利、人和等各項條件，在時機成熟之後，就能夠功成名就、財利雙收，換言之，你只要多一項對你有利的條件，就能幫助你多創造出一分成功的本錢，而風水絕對就是讓你比同業技高一籌的致勝關鍵！

找出賺不到錢的原因

俗話說「智者千慮必有一失」，大部分經商不成功的人都會問同一個問題「為什麼賺不到錢？」明明該做的工作都做了，自己也非常投入在事業上，但生意就是做不起來、客人就是不上門、或者花掉的永遠比賺來的多，想不出為何麼賺不到錢的原因？或許問題並非出在你怎麼經營，而是你忽略掉了公司或店面的風水問題。

的確，我們在許多失敗的個案中可以發現，大部分的

人只想到怎麼壓低成本、提高利潤，怎麼裝潢佈置、吸引客人，卻完全忽略了風水佈局的重要性，如果說公司或店面的經營可以單靠商業的操作就能成功，那麼坊間這麼多加盟的店家用的都是同一套操作模式，為何有人成功也有人失敗？深究之下你就會發現風水的力量有多大！

不論你是正想要創業或是已經開店開公司的人，本書的內容都完全符合你的需求，想創業的人只要在事前做好風水規劃，找到最適合你創業的地點，並避開會導致你漏財的不良格局，便可以大大減低日後失敗的可能性。若你的公司或店面已經開始營運，也可以檢視一下自己的工作環境，是否有讓你漏財的風水問題，只要能夠即時補救，你就會發現業績有顯著的成長，這就是風水的妙用之處。

最後，不論是商業經營或是風水佈局，兩者都是相輔相成、缺一不可的，本書只針對會導致漏財的商用風水佈局提供大家做參考，並不表示解決了漏財風水的問題之後，業績馬上就會立刻翻紅，還需要靠自己在本業上兢兢業業的努力。店面或辦公室就像一個大水桶，要先把破洞補起來，水才裝得滿，但補了破洞卻不努力去裝水，水桶永遠還是空的；反過來說，若是拼命將水倒進破了洞的水桶，水桶一樣裝不滿，就是這個簡單的道理。祝大家都能賺大錢、發大財、創造出自己的美麗人生！

[目 錄]

辦公室篇

店面篇

■ 讓你賺不到錢的商辦環境 1

尋找理想的房子是賺錢成功的首要關鍵

　　任何人想要開店或開公司，面臨的第一個問題就是「如何選擇一間會賺錢的金店面或會發達的好公司？」選好店面、好公司和選好住家道理是一樣的，要判斷一間房子或一棟大樓的好壞，絕對不能從單方面來看，就好比一個人去做健康檢查，要判斷這個人健不健康？不能光看身高體重、血壓而已，必須將身體各部位的檢查結果作整體的評估之後方能下定論，找店面或辦公室也是一樣，千萬不可偏廢於一方。

開店或設公司以擇地為先

　　不論你是要承租或購買一間房子來當成店面或辦公室使用，選擇理想的地點絕對是第一優先的考量，地點不對，一切都是枉然，問題是「何謂理想的地點」？是要看有沒有昂貴的售價或租金？還是看房子有沒有位在精華地段？其實都不完全正確，因為要判斷一個地點是不是理想，不光只是看房子本身，還要看它和你所經營的行業合

不合適？若是當作店面使用，要考慮的面向就更多了，除了最基本的風水診斷以外還有純屬商業行為方面的營運考量，所以這個問題看似簡單，卻是最難的一部份，只要找對了設立的地點，就等於成功了一大半，其他就端看你如何經營而已，若是找錯了地點，不但事倍功半，成功的機率也大大降低，最後通常是慘淡收場。

審四勢

　　雖然要判斷一間房子適不適合當成店面或辦公室使用有很多要注意的地方，但我們不妨從最簡單的方法開始

審四勢就是以陽宅為中心，審視房子的四面八方看看有無任何風水上的缺失。

做起，也就是風水學中所講的審四勢。一間房子的外在環境是判斷這間房子好壞的根本依據，商業用途的房子其風水論斷與一般住宅基本上相差不大，若沒有良好的環境、處處是沖煞、放眼四周都是窮山惡水，就算房子蓋得再漂亮、裝潢再豪華，還是無法讓這間房子轉禍為福，因為不良的環境無法匯聚旺盛的氣場，在這裡開店做生意，不會有人潮，當成辦公室使用，生意也無法成長，道理就像貧乏的土壤無法孕育出壯碩的大樹一樣，相反的，只要土地肥沃，任何一顆飄來的種籽都能在這裡開花結果，這也說明了地點的重要性。

陽宅本身條件要理想

並不是地點選對了一切就搞定了，房子位在對的位置固然是最重要的，但房子本身的好壞也是關鍵，這裡指的房子好壞並不是裝潢美不美觀，而是房子的建築結構跟宅體形狀。內部的裝潢是隨時可以改變的，但是房子結構卻很難變更，除非拆掉重建，從房子的建築本體就能判斷這間房子的好壞，所謂好的房子，其建築主體必須要四平八穩、格局方正、沒有缺角或結構損壞等情形，相對的，一些奇形怪狀、造型特異的房子就會造成許多風水上的缺失，如常見的口字形、工字形、L形、三角形、梯形等建築大樓。

⬆ 建築大樓的外型如果不方正，內部會產生缺角的問題，拿來當辦公室不甚理想。

從陽宅外觀亦能做出簡單判斷

　　從房子的外觀也可以來判斷吉凶，如果發現房子牆壁有龜裂的情形，在風水學中論斷為病痛之宅，若拿來當辦公室或店面使用，在將來營運上容易出現人事方面的問題。另外屋齡太老舊的房子也有同樣問題，多半會有磁磚剝落、腐蝕、水泥剝落、蟲蛀、漏水、壁癌、管線老舊等狀況，若是遇到強震會有崩塌的顧慮，再說老舊的房子氣場也較弱、聚氣不易，氣場弱又不易聚氣，如何能夠幫助你發大財呢？

　　有些人為了貪圖便宜的租金或經營成本上的考量，找上這種老舊的房子，除非能夠從裡到外徹底的作一番大整修，否則不建議大家使用。

⬆ 若見到建築大樓的外牆磁磚剝落、鋼筋外露、結構受損、牆壁龜裂、漏水、外觀老舊等現象，代表宅氣已衰，在這裡做生意想要賺錢實在有點勉強。

■ 讓你賺不到錢的商辦環境 2

沿著道路去找 理想的商辦陽宅

　　只要有房子的地方就有道路，道路與房子的關係是十分緊密的，過去我們在討論陽宅吉凶的時候，多半是以陽宅為中心，站在房子的角度來論道路對房子所造成的影響，如果我們今天是要去找一間好風水的房子來當商辦，不妨換個角度，從道路作出發來尋覓理想地點，你會驚訝的發現更容易找到好房子！

　　一條道路這麼長，又分為左右兩邊，那麼多的房子，該選哪裡好？其實這個問題沒有一定的答案，因為除了房子本身，它還必須配合許多客觀的因素才能成為一家真正賺錢的商辦，不過就風水學的觀點，可以提供以下幾點建議來作為大家判斷的依據。

整體地勢最低窪的地方最容易聚財

　　如果你仔細觀察，會發現在同一個區域裡最熱鬧的地方，都是這個區域地勢最低的地方，就以整個台灣島而

言，人口最多、最繁華的地區也都是在各區的盆地和平原中，如台北盆地，台中盆地、嘉南平原等，而在小區域中人潮密集的地方，例如市集，菜市場、夜市，多半處於該地區的最低窪處，用大自然原理來分析，因為水會往低處流，而人潮也同樣會往低處匯聚，因此在地勢低的地方開店將會有絡繹不絕的顧客上門，這絕對不分中外，所有地區皆然。

圖為臺北盆地俯瞰圖。

要選在馬路彎抱面，切忌選在馬路反弓面

　　道路在規劃的時候往往會因為地形地物的阻礙而呈現彎曲的現象，不會完全的筆直，在彎曲面的內側稱之為彎抱面、外側則稱之為反弓面。在彎抱面開店或設立辦公室容易聚財發富貴，相反地，在反弓面開店則容易破財，也容易有血光之災。若從科學的角度來分析，馬路正好直衝反弓面的房子而來，因此住在這裡，不但會感受到車流來

彎抱面與反弓面很容易分辨，彎抱的弧度越彎，相對的反弓的殺傷力就越強。

往的無形壓力，也容易受到交通事故的波及，不論是居家或是開店、設公司都不適宜。

道路直沖的房子不要選

　　若是房子正好位在道路的最尾端且與道路有沖射到房子本體者，就是所謂的路沖或巷沖，有些人會誤認為只有大門正前方直衝而來的道路才叫路沖，其實不然，不論四面八方，只要是對房子而來的馬路都是路沖，從不同角度而來的路沖都會有不同的對應，但只要有路沖就是不好的，所以在審視一間房子到底適不適合當店面或辦公室的

20

時候，一定要繞著房子的建築本體走一圈，就能發現有無路沖的情形。

對住家或辦公室而言，有路沖的房子都是不好的，不過對於店面而言，卻會因為所經營的屬性不同而有例外的情況，如果店面前方正好有馬路直沖，而所經營的是與刀、火有關係

不論是路沖或者巷沖的房子，使用前都要先做好評估，只有少數行業能適用。

的特定行業，像是小吃攤、快炒店、五金行等等，反而能夠借煞為官登將台，轉煞氣為助力（但仍需整體的規劃配合），其餘行業則勿用為妙。

每個路段都有不同特性

每一條道路都可以區分為路頭、路中段和路尾，這三個區段會形成不同的氣勢，對於開店做生意的人而言，尋找適合自己屬性的路段也是賺不賺錢的關鍵之一，一般來講，以馬路中段的店面比較容易聚氣，生意也會比較旺，但這並不表示路頭和路尾的店面都不好，要看自己所開的

店面是屬於哪一種行業而定。

1.路頭

　　路頭是整條街道的氣剛形成的地方，因此比較不穩定，通常都是在交通繁忙的路口，行人或車輛經常是來去匆忙，較不易聚集人氣，但若開設便利性、交通性質的行業，反而容易有生意上門，例如速食店、便利商店、汽機車行等等，都是不錯的選擇，其他像是書店、漫畫店、精品店、服飾店等比較屬於靜態的店面，匯聚人潮的效果就比較差一點。

2.路中段

　　道路中段的氣勢較容易凝聚，若是再加上低漥的地勢，一定能夠匯集人潮，因此，不論開設什麼樣的店面都會有不錯的好成績，不過，好地段也要有好的經營策略，否則業績也只能持平而已。

3.路尾

　　路尾的氣勢通常會呈現衰退的跡象，從消費的觀點來看，一個消費者從路頭逛到路尾，一定會感到有些疲累，而且身上的錢也花得差不多了，因此消費的意願也會大大減低。不過，若是路尾的地勢較為低漥，或是有大型的賣場或商圈，也能夠將人潮往裡頭帶，不見得路尾就不能開店。

22

4.道路的兩側

　　只要你仔細觀察，任何一條道路或多或少都有左高右低、或右高左低之情形，我們稱為道路的陰陽面，在選擇店面時就要以道路地勢較低的一邊為用，水是會往較低這一邊傾洩，所以自然人潮會行走於較低這一面，那當然店開在人潮多的這一面，賺錢的機會就相對較多。

5.三岔路口

　　如果馬路在房子正前方分岔形成夾角，也就是俗稱的岔路口，地基呈現三角狀，這樣的地形會形成很嚴重的沖煞，且位於岔路口的房子多半也都呈三角形或不規則狀，

　　商辦以方正格局為佳，三岔路口的房子往往會形成三角形或不規則狀，房子本身有嚴重缺角的問題，且正前方亦有馬路直沖，問題多多。

對一般的行業來講，都有不利的影響，應該儘量避免，唯有某些與刀、火有關係的特定行業例外（與路沖相同），若房子是依著三角地形而蓋，形成三角形或不規則形的建築主體，那就更不理想了，任何行業或任何形式的店面或辦公室都不要採用為宜（關於三角形地基，文後有更詳細的說明）。

6.特殊交通建築

房子前若有天橋、捷運或高架道路經過，會嚴重影響到辦公室和店面的氣場，光是橋墩的矗立就會有導氣的作用，橋樑的橫面，自然就會有迴風轉氣來沖煞宅屋，所以不宜當作商辦使用。以自然環境來分析，一間店面受橋阻

與高架橋等高的樓層辦公室，經常可以看到出租或急售的廣告，顯示該樓層受橋面迴風煞氣的影響，事業經營難以持久。

擋在前頭，自然經過的人潮就看不到店面，生意就會影響，人車要停下來進店買東西會帶來很多不方便，故有橋墩在前的商辦大樓，均屬不吉之格局。

另外，房子外面若有橋頭正沖房屋的情形，會造成嚴重的沖煞，當住家則家中成員非死即傷，當成公司或店面，生意也會一落千丈，所以千萬不要使用。

建築前方的明堂位置代表前途、前景，有寬闊的明堂就代表前途光明，事業有發展，若明堂有其他建築物阻擋，就有運途受阻的現象。

7.省道或快速道路旁

開店最好選在人潮容易匯聚停留的地段，若是在快速道路旁，人車通常只是呼嘯而過，根本不會駐足停留，但是有些需要大坪數的店面，為求便宜的土地，則經常會選在省道兩旁開店，例如家俱店、大賣場、汽車修理保養場、大型餐廳等，如果能在四周規劃好停車空間，讓人車方便進入，或許可以彌補這一方面的缺點，其他的小型店面則不宜選在此處開店。

■ 讓你賺不到錢的商辦環境 3

慎選營業場所的設置地點

　　想要找到一個完全沒有沖煞、完全合乎風水美局的房子的確不容易，每一間房子或多或少都有一些問題，有些問題是可以用風水之法來制化者，倒還不算什麼大問題，但有些特殊的地點則是不建議大家使用的，因為這些地點的問題不易用人為的方式加以改變，故能免則免之，以免日後生煩。

陰宅不要使用

　　風水學中所謂的陰宅原是指「墓地」，這裡所謂的「陰宅」，是指那些容易招來陰靈、匯聚陰氣的房子，例如曾經當做神壇廟宇的房子、蓋在曾經是墳場墓地上的房子、曾經是屠宰場或刑場的房子等等，這樣的房子容易匯聚陰極磁場，會引來不必要的鬼魅遊魂，用這樣的房子開店或開公司，會嚴重的影響到使用者的整體運勢及健康，因此建議在購買中古屋之前，最好能先探聽清楚此房子之

前的用途。

凶宅不要使用

凶宅和陰宅的情況很類似，也就是我們一般所說「不乾淨」的房子，不論是曾經發生過兇殺命案亦或是有人自殺過的房子或房間，通常待在這樣的房子裡，都會給人一種陰森恐怖的感覺，不但人待久了會不安穩，有時候還會危害到自身的氣運。從外地來的租屋客有時候會貪圖便宜的租金而租用這樣的房子來開店開公司，往往都是等到事情嚴重之後才有所警覺，因此在買屋或租屋的時候，房子給人的第一直覺是很重要的，若是此屋讓自己覺得渾身不自在，但卻一時找不出原因所在，建議您最好還是另尋目標。

曾經有特殊用途的房子避免再使用

所謂特殊用途，是指這間房子曾經被當成一般人比較忌諱的行業來使用，譬如殯葬業、醫院診所、停屍間、監獄、神壇、屠宰場、酒店、風化場所、垃圾場、廢棄物處理場、化糞場等等，因為這些用途或多或少都會讓屋子裡殘留一些不好的氣場，甚至引來不祥之物的靠近，這樣的房子最好不要再當成辦公室或店面使用，甚至周圍有這些特殊行業的房子也最好能避免選擇。

選在廟宇附近開店

在台灣，五步一小廟、十步一大廟，每逢初一、十五、初二、十六、這些廟宇更是人潮擁擠、萬頭鑽動，大家可能會認為在廟宇附近是開設店面的好地方，其實不然，廟宇附近容易匯聚陰靈，應該避免，但若是開設佛俱店、金紙店、小吃店、水果攤、命相、占卜則不在此限制當中。

辦公室則不宜選在廟宇前方，辦公室大門若正對廟宇大門，主煞氣來沖，主事業破敗，公司團隊精神差，員工士氣渙散。

⬆ 每逢節日，廟宇前總是人聲鼎沸，乍看之下好像處處充滿商機，但並不表示所有行業都是合在廟宇前開店或設辦公室。

宅基有問題的房子不要使用

所謂宅基，就是指房子的地基，一般在找房子的時候只會注意到地上的建物部分，但事實上，房子底下的地基對於整棟陽宅的影響也十分巨大，像是房子地底下曾經是採礦的隧道、取水的井口、水池、沼澤窪地等等，雖然經

過填土工作，但宅底的地氣卻已經遭受破壞，所以不宜蓋房子；另外像地底下有暗渠流過、或是興建時運來填平地基的土壤有問題、地基裡有太多雜物、樹木的殘根等等，這些都足以影響地上建物的運勢。

宅基的問題通常不容易在第一時間就能發現，往往要等到問題發生，深入追究之後才知道是宅基所引起，但傷害卻已經造成。

危樓或結構有損毀的房子不要用

台灣是個地震頻繁的地區，有些房子在歷經大地震之後，雖然外表看起來並無異狀，但主體結構卻已經受損，如果已經被判定為危樓者，便不要繼續使用，以免發生危

險。你也可以仔細檢查房子的牆壁和屋頂是否裂縫產生，或者有水泥整塊剝落的情形，這都是房子受損的徵兆。此外還有海沙屋及輻射屋，這些房子都會對使用者的生命財產和健康產生直些的威脅，因此千萬要避免。

↑ 房屋破損就像一個人開腸破肚一樣，使用者的脾胃和精神方面會有問題。

另一種情況是因為馬路拓寬的關係，以致房子的部份建築遭到拆除，但又因為某些原因而遲遲未把被拆除的部份修補起來，導致房子破了一個大洞，這會讓使用者的脾胃和精神方面產生很嚴重的問題，即便日後再將破損的部位修補完成，但房子結構的完整性已經遭到破壞，難保日後不會有問題產生，所以還是另覓良宅的好。

地下室不宜當作營業場所

地面上的建築物屬於陽面、地下則屬於陰面，地下室雖然是屬於陽宅建築體的一部分，但是它的位置卻在陰面，因此地下室很容易匯聚陰極磁場，故並不適合當成營業場所來使用，長時間待在地下室對人體的健康會有很大

↑ 地下室的空間一般不建議開設店面或辦公室。

的傷害，故地下室一般只作為停車場或者雜物堆置空間，
住人則絕對不宜。不過也有例外的情形，如果是規劃得宜
的地下街、地下商場等等，因為容易匯聚人潮，所以也會
帶來旺盛的陽氣，正好彌補地下陰氣過重的問題，但如果
是一般大樓的地下室則不建議使用。另外還有一種說法，
認為地下室空間適合經營屬於陰性的行業，如舞廳、酒
吧、娛樂業、特種行業等等，因為地下磁場與行業屬性比
較契合，故經營起來也比較容易得利，但筆者並無確實的
統計數據來證實這一點，此說法謹供參考。

■ 讓你賺不到錢的商辦環境 4

有旺氣的大樓
生意才會興旺

　　我們在尋找設立商辦的地點時，通常不會用到一整棟的建築，而只是用到一樓的店面或是其中的某一個樓層，不過你不要忘了，只要你身在這棟大樓裡，大樓本身的吉凶就會對你有影響，大樓與鄰近的大樓之間又有相互的影響，最常見的是形成沖煞的情形，例如壁刀煞、天斬煞、屋角煞等等，若是沒有直接的沖煞，大樓之間也會產生微妙的關係，整體形勢上就有強弱之分，在選擇地點時，以上的問題皆要一一列入考量，才能選到沒有沖煞、氣勢強、宅氣旺的大樓。

眾人皆矮我獨高的大樓

　　比四周房子高出太多的大樓，雖然乍看之下十分有氣勢，但因為左右沒有扶手，後方又無後靠的關係，會給人一種孤獨無依的感覺，大樓四周的房子高度都很低，也無法對它產生任何屏障的作用，由四方而來之氣，它必定首

32

當其衝，當然也就無法藏風聚氣，在這樣的大樓設立商辦，主四週貴人不明，內部爭權，這是因位在內部的人會有極度的不安全感所導致，若是在這種孤高的大樓裡設立辦公室，也容易有洩財的情形。

⬆ 台北101大樓就是典型的孤高大樓。

由於四周都是低矮的房子，孤高的大樓會顯得十分格格不入，因為氣場到大樓之後，就會受到大樓的影響而有氣流混亂的跡象，因此人潮比較不會親近此地，生意也不會太好。

若大樓四周有熱鬧的商圈可以吸引人潮，則孤高的大樓反而以成為該地的地標而帶來商機，但設在大樓裡的辦公室或店面仍有變動頻繁的情形。

眾人皆高我獨矮

如果情況正好相反，本身的建築物低矮而四周都被高樓大廈所包圍，那麼建築物本身的氣勢就會被其他高樓完

全搶走，若是屬於單排的建築，左右兩邊的大樓如果高出本身的房子很多時，同樣顯得比較弱勢，在這裡設立辦公室代表行運必定會受到外在的壓制，事業和財富都難以突破。如果是單排的房子，也不要選在左右兩邊大樓都比自己高很多的矮房子中設立辦公室或開設

圖中店面左右的房子明顯高出許多，整體氣勢上就矮了一截。

店面，人家只要走到大樓前一比較，就會感覺你的店或公司顯得特別寒酸，生意一定會被兩邊的鄰居給搶光光，賺錢的機會也就不多了。

避免白虎抬頭的格局

在選擇大樓的時候，必須要看是否有左右龍虎凸出拱護的現象，左右龍虎就像是陽宅的左右護法，陽宅左側稱之為左青龍邊，右側稱之為右白虎邊，若兩側的房子與大樓高度相當，則這些房子就會在無形當中對大樓產生保

34

對箭頭處所指的大樓而言，右邊的大樓明顯高出本身房子的一倍以上，就是典型的
白虎抬頭的情形。

護的作用，這是非常好的格局。但要特別注意的是，左邊
房子的高度不能比右邊房子的基座高出太多，右邊房子的
高度也不能比左邊房子的基座高出太多，如果右邊比左邊
高，在風水學中稱之為「白虎抬頭」，青龍高起則無妨，
將會帶給你整個運勢消沉，不宜當作商辦大樓使用，人也
會住得不平安。

理想的選擇條件

選擇店面或辦公室，應該是找與四週建築物落差不
會太大或一般高的大樓來當成商辦使用，這樣才能連成一

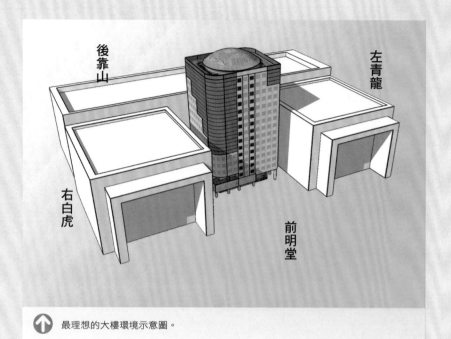

後靠山

左青龍

右白虎

前明堂

⬆ 最理想的大樓環境示意圖。

氣，氣場才會順暢，最理想的情況，是能找到前有廣大明
堂，後有穩重的靠山，左右又都有大樓當扶手的絕佳寶
地，只要將店面或辦公室設在這裡，一定能幫你發富貴、
賺大錢。

36

■ 讓你賺不到錢的商辦環境 5

辦公室店面與住家最好能夠分開

　　許多人為圖方便，在尋找店面的時候，會考慮與住家合併，一方面可以節省房租，另一方面也方便店面的照應，不必每天兩地奔波，其實這樣的做法可能會產生一些意想不到問題。

住宅風水與商辦風水不盡相同

　　就風水的觀點來分析，住家風水和商辦風水有明顯的不同，畢竟營業場所的設計與一般居家所著重的地方是有差異的，或許這是一間能夠讓人發大財的店面，但如果當成住家，可能會對人的健康產生不良的影響，因此店面與住家最好能分開為宜。早期農業社會裡，店面與住家合一是為吉利的，但目前的工商社會環境作合一規劃是比較不理想的。

　　辦公室的情況也是一樣，住家、辦公室或店面都同屬

於陽宅其中的一種，就風水學的角度來看，基本的吉凶論法大致是相同的，不過因為每一種房子的使用目的不同，在做細部分析的時候，仍會有些出入，因此建議大家儘量讓房子的使用目的單純化，要當住家就只當住家，要當辦公室就只當辦公室，若是在辦公室內有規劃住家，這種情形的缺點在於住家與辦公室或工廠之間會產生相互的干擾，住家沒有生活品質，而且就算下了班，在家中也會掛念著還有工作還沒做完，所以得不到完全的休息，彷彿永遠都在擔心工作，這樣的老闆屬於勞心勞力命格，就像老闆兼工友。

⬆ 上班想家事，下班想公事，好比蠟燭兩頭燒。

辮公室篇

40

辦公室的
大門方位吉凶

　　大門是一間公司的門面，大門為納氣之口，大門開得好，其效果就如同聚寶盆一樣，能夠幫助公司達到吸財納寶的作用，所以大門的位置就非常重要了，位置設定對了，必定能帶給公司業績旺盛，商家門庭若市，大門位置設錯了，必定帶給公司業績一蹶不振，商家之生意門可羅雀，但是大樓建築的樓上房子，大門是很難改變的，因此我們在選辦公室之前必定要先選定門路之位置，否則就會帶來不良的影響。

八宅辦公室門向吉凶分析

　　我們可以根據風水學中的八宅九星生旺殺洩理論，推算出每一種坐向的陽宅其最佳的大門門向，以及不宜作為大門門向的方位，想要讓公司有發展、賺大錢，最好能注意一下自己辦公室的門向，茲將各種門向的吉凶方位簡述如下，以供讀者作為選擇辦公室或是設計辦公室門路時的參考。

為什麼賺不到錢

坎宅辦公室的座向為座北朝南

1. 大門開於西北方為殺氣方
2. 大門開於正西方為洩氣方
3. 大門開於東北方為洩氣方
4. 大門開於正南方為關煞方
5. 大門開於正北方為生氣方
6. 大門開於西南方為生氣方
7. 大門開於正東方為殺氣方
8. 大門開於東南方為死氣方

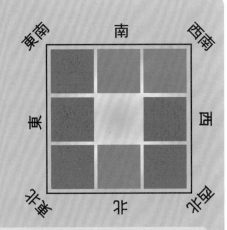

■ 為凶方，設置大門主漏財　　■ 為吉方，設置大門主旺財

離宅辦公室的座向為座南朝北

1. 大門開於西北方為殺氣方
2. 大門開於正西方為洩氣方
3. 大門開於東北方為生氣方
4. 大門開於正南方為旺氣方
5. 大門開於正北方為關煞方
6. 大門開於西南方為死氣方
7. 大門開於正東方為死氣方
8. 大門開於東南方為洩氣方

■ 為凶方，設置大門主漏財　　■ 為吉方，設置大門主旺財

震宅辦公室的座向為座東朝西

1.大門開於西北方為旺氣方
2.大門開於正西方為關煞方
3.大門開於東北方為殺氣方
4.大門開於正南方為殺氣方
5.大門開於正北方為死氣方
6.大門開於西南方為洩氣方
7.大門開於正東方為生氣方
8.大門開於東南方為死氣方

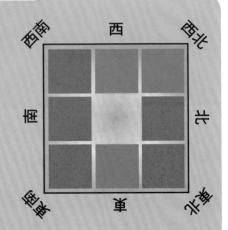

■ 為凶方，設置大門主漏財　　■ 為吉方，設置大門主旺財

兌宅辦公室的座向為座西朝東

1.大門開於西北方為生氣方
2.大門開於正西方為殺氣方
3.大門開於東北方為洩氣方
4.大門開於正南方為生氣方
5.大門開於正北方為死氣方
6.大門開於西南方為死氣方
7.大門開於正東方為關煞方
8.大門開於東南方為旺氣方

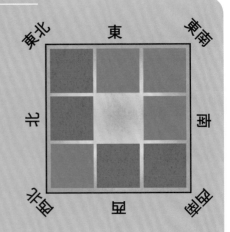

■ 為凶方，設置大門主漏財　　■ 為吉方，設置大門主旺財

坤宅辦公室的座向為座西南朝東北

1. 大門開於西北方為殺氣方
2. 大門開於正西方為殺氣方
3. 大門開於東北方為關煞方
4. 大門開於正南方為洩氣方
5. 大門開於正北方為洩氣方
6. 大門開於西南方為旺氣方
7. 大門開於正東方為生氣方
8. 大門開於東南方為死氣方

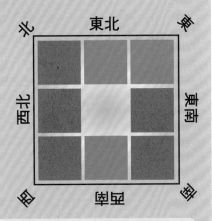

■ 為凶方，設置大門主漏財　　■ 為吉方，設置大門主旺財

艮宅辦公室的座向為座東北朝西南

1. 大門開於西北方為生氣方
2. 大門開於正西方為死氣方
3. 大門開於東北方為旺氣方
4. 大門開於正南方為殺氣方
5. 大門開於正北方為殺氣方
6. 大門開於西南方為關煞方
7. 大門開於正東方為洩氣方
8. 大門開於東南方為洩氣方

■ 為凶方，設置大門主漏財　　■ 為吉方，設置大門主旺財

44

乾宅辦公室的座向為座西北朝東南

1.大門開於西北方為旺氣方
2.大門開於正西方為生氣方
3.大門開於東北方為殺氣方
4.大門開於正南方為洩氣方
5.大門開於正北方為生氣方
6.大門開於西南方為死方
7.大門開於正東方為死氣方
8.大門開於東南方為關煞方

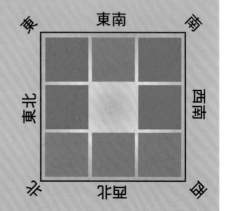

■ 為凶方，設置大門主漏財　　■ 為吉方，設置大門主旺財

巽宅辦公室的座向為座東南朝西北

1.大門開於西北方為關煞方
2.大門開於正西方為殺氣方
3.大門開於東北方為殺氣方
4.大門開於正南方為死氣方
5.大門開於正北方為洩氣方
6.大門開於西南方為生氣方
7.大門開於正東方為死氣方
8.大門開於東南方為旺氣方

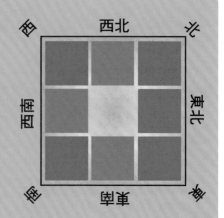

■ 為凶方，設置大門主漏財　　■ 為吉方，設置大門主旺財

屬於洩財的門向方位

死氣方：此方位將使財煞之氣匯聚，導致污穢而死氣沉
沉，無法暢通。因此，影響公司生氣不振，財
富不來，自然諸多計劃停擺不前而易有虧損之現
象。將導致公司失財洩氣、營運困難，因無法得
到旺氣，故需投注大量財力於經營事務上，但是
容易有事倍功半的情形。

殺氣方：此方位因無法得到地利之助力，大門如同虛設而
財富不易凝聚，間接影響公司業績成長，容易導
致功虧一饋、半途而廢。

洩氣方：此方位將導致公司失財洩氣、營運困難，因無法
得到旺氣，故需投注大量財力於經營事務上，但
是容易有事倍功半的情形。

屬於旺財的門向方位

生氣方：此方位能夠得地利之幫助，開門最為吉利。如遇
宅體運勢的天時，可達到財祿廣進之功效，若未
遇此時亦可保本防失財。因此可為公司引進好員
工、好客戶而使生意興隆旺盛，財源滾滾而來。

旺氣方：此方位能收地利之旺氣，如龍蟠虎踞吸引財富旺
氣，增強招財磁場能量，達到開財致富的功效。

因此可為公司引進好員工、好客戶而使生意興隆旺盛，財源滾滾而來。

關煞方：或稱五黃關煞方，此方位正是出入最好之門路，可上達財星，下行寶路，使生意興隆，萬事俱足，若遇流年天星運轉至此位時，將可幫助公司業績成長，財運亨通。因此可為公司引進好員工、好客戶而使生意興隆旺盛，財源滾滾而來。

連棟式建築的開門選擇

若選擇整排的連棟式樓房當成辦公室或店面使用，那麼能開門的方位就只有正前方（面向馬路的這一面）可以選擇了，至於大門要開在哪個位置？根據傳統的說法是必須開在房子的「左青龍」邊（人面對門外的左手邊），而「右白虎」邊則避免開門，所謂「青龍宜動、白虎宜靜」，大門開在龍邊主招財納福，若開在虎邊則容易產生是非。

這是現代江湖人的說法，並不一定正確，若根據風水的理論來分析，還是以房子的座向來找出最合適的門路方位為佳，住家則以命卦來配門路為吉，一般而言，只要將大門開在正中間（房子的出煞方）應該都沒有太大的問題。

■ 讓你賺不到錢的辦公室設計 2

一戶有二門
問題找上門

　　筆者碰到過很多這樣的朋友，原本公司經營得不錯，擴展到辦公空間已不夠使用的情形，後來買下了隔壁的房子並將連接的牆壁打通成為同一間辦公空間，但是在很短的時間內，整個事業就產生了障礙，才會特別找到筆者為其服務。

一間辦公室以一個出入大門為宜

　　一個辦公室進出的大門須以單一出入口為吉，若一間辦公室有兩道大門供進出使用，則主這間辦公室的內部或成員派系分歧、口舌是非不斷，員工在外處理業務則會有爭訟之慮，公司業務方面的口舌是非、官訟以及受外在其他同行的惡意中傷會不斷。這種有兩個門的辦公室大部分是因為一間辦公室空間不夠用，然後正好隔壁的房子能租下或買下，因而就將牆打通，而進出之門卻沒有更改所形成。

48

↑ 不論是一般住宅或辦公室，都不宜有一室二門的情形出現。

解決方案

如果同一間辦公室有兩道大門在供人員進出之時，應封掉一門，或者應將辦公室隔成兩間各自獨立的空間來使用為宜，在此建議老闆朋友們，在你要拓展辦公室空間發展事業領域時，應請專業人員作整體規劃，提供客觀的意見作參考，以客觀的意見再加上主觀的看法，作適度調解，讓其合乎中庸之道。

■ 讓你賺不到錢的辦公室設計 3

大門不宜對到
電梯口或樓梯口

　　在一般的辦公大樓裡，樓梯和電梯都是很重要的人員通道，位於高樓層的辦公室很容易就會出現大門對到樓梯或電梯的情形，大門是辦公室的氣口，樓梯也是洩氣的通道，如果兩者相對，就會有引導宅氣外洩的情形，也是造成辦公室漏財的原因之一，應儘快加以改善。

風水上的制化之法

　　辦公室的大門不論是對到樓梯或者電梯口都不好，一般大門出來之後，不要直接對著下樓的樓梯緣，樓梯下來如果沒有一個大一點的空間，氣場會馬上流失，不會停留，氣若散掉，代表財的耗損，所以大樓辦公室的大門，不喜歡與樓梯距離太近。若有這種情形，空間如果夠的話，可以在下樓梯的前方位置，做個屏風擋掉，如果空間不夠，可擺圓形大花瓶，讓這個氣場有迴流，氣如果出去，碰到物體能回流，氣就不會流失掉。

50

　　大門若開門向電梯，依風水學上來看，電梯就如同一隻老虎蹲在辦公室門口，甚至會帶給在這裡辦公的人有意外發生的現象，公司的財祿也會不穩定，因此必須要在門口掛水晶球，但此水晶球必須是要有特殊切割面的水晶球，讓電梯開關之氣與水晶球之間有反射，才能讓我們平安。

　　如果大門外同時有樓梯和電梯，二者之間常常會形成一個直角正對門心，若有這種情形公司的財務必定會出狀況，員工工作會發生意外，只要在二者所形成的直角擺上盆景，就可以化解此沖煞。

⬆ 具有特殊切割面的水晶球。（鴻運科技提供）

　　若是辦公室或店面不止一個樓層時，室內就會有樓梯，記住下樓梯的方向千萬不能對到大門（與大門成一直線），這種格局主錢財直洩而出，修正方法是改變門向或改樓梯的方向，使兩者不直些相對即可化解。

■ 讓你賺不到錢的辦公室設計 4

幫你守住財富
的玄關設計

　　玄關是外人對這間公司內部所產生的第一個印象，因此千萬不要將玄關視為一個無用的地方，屏除掉裝潢佈置的問題不論，單就玄關風水的角度來看，如果不好好規劃玄關，它也會導致漏財的情形。

利用玄關將內外做適當的區隔

　　在辦公室的大門與大辦公區之間的玄關位置最好能增設屏風來區隔，玄關就像人的喉嚨，在玄關設置屏風來區隔內外，就好比咽喉中有一個喉結，它的功用就是在控制與調節進出人體的食物，如果人沒有喉結，就無法阻擋任何進入口腔的物質，也無法留住已經吃進肚子裡的東西，因此對於一般的辦公室陽宅，筆者都會建議要好好的設計自己的玄關，將內外作一個完全的區隔，才不會有以上的問題產生。

　　從風水的角度來分析，如果辦公室不在玄關設置屏

52

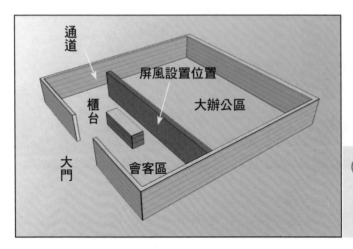

通道

屏風設置位置

櫃台

大辦公區

大門

會客區

辦公室玄關
屏風設置範
例。

風，氣一進門就直通大辦公區，即便沒有穿堂煞的問題產生，也無法將氣留在陽宅之內，氣會在陽宅內迴轉一圈之後，再由大門直洩而去。

利用吉祥物增強納氣能量

筆者常被問到，在偌大的辦公室裡，何處是擺設招財物、吉祥物的好場所？其實玄關就是一間辦公室最佳的地點。

兼具裝飾作用與招財功效的聚寶盆最適合擺在公司玄關。（鴻運科技提供）

首先，不論是在公司上班的員工或是外來洽公的人員，一定都會接觸到玄關的空間，若能在其牆

上掛上吉祥字畫,在櫃台上擺個聚寶盆等等,所有人員都能看得到,也都能接收得到這股吉祥的能量,它能帶給整個公司祥和與財富,其次,也可以藉由這些吉祥物或招財物的擺設來增加玄關空間的美感,讓人一進門就感到十分舒暢愉悅。

另外,也可以在玄關位置擺設圓形之花瓶,我們是藉圓形之物體來導氣入宅,氣場流到此處能靠圓形花瓶的幫助產生迴旋加速,就如同一個馬達在打水般,必能助入口之氣的運行,讓公司的氣更旺。

開運招財青花蟠龍瓶。
（鴻運科技提供）

在玄關擺鏡子當裝飾的利弊

雖然鏡子在風水上具有擋煞用的作用,但是公司在進門玄關擺設大面鏡子,有排斥客人的意味,把煞氣和生意都一起擋掉了,故不喜歡將鏡子對外直照,側照則無妨。如果在公家機關的玄關擺大鏡子則是好的,它代表明鏡高懸,可吸納吉氣,亦可排除煞氣,兩者性質不同,不可混為一談。

54

前門是否與後門直通？

　　這就是一般陽宅所謂的穿堂煞，主大破財，因為進財即出，根本無法聚財，也代表易有血光之災。但是現在大樓辦公室有後門的並不多，有些人會以為如此就沒有穿堂煞的問題，其實不然，只要是房子的兩端有對外的氣口直通都視為穿堂煞，所以大門若對到採光面的窗子也算是穿堂煞，這點請大家留意。辦公室只要在玄關的位置增設屏風來阻隔，便可完全化解穿堂煞的問題。

　　用比較簡單的比喻來說明，犯有穿堂煞的陽宅就像破了洞的水壺，水再怎麼灌也灌不滿，所以是屬於大進大出的格局，雖然公司會有進帳，但開銷也會很大，根本無法真正賺到錢，只要簡單的區隔設計就能將你的財富牢牢所在辦公室裡！

大門進來之後若是門與門正好成一直線，視線可以直接穿透道戶外，便代表此宅有穿堂的情形，門對窗亦屬相同情況。

■ 讓你賺不到錢的辦公室設計 5

董事長室攸關公司決策的好壞

一個公司要有好的發展、有前景，領導者佔了決定性的關鍵，因為公司與領導者的關係就像身體和大腦一樣，身體要往哪裡移動、做什麼動作，全取決於大腦的決定，而公司的經營策略、未來發展計畫等等，也都決定於領導者的一念之間，因此如何給領導者一個能幫助它思考謀略的空間，就是辦公室在規劃時最重要的關鍵之一。

董事長室要規劃在財位

要將公司領導者的位置規劃在辦公室的哪個方位呢？一個公司的領導者必須坐於辦公室的財位之上，坐於旺氣的財位，才能給這個領導者有整體的領導統馭能力，也能讓領導者思緒判斷較為正確，做出一些真正有利於公司發展的正確決策，將公司帶領到一條賺錢發財的道路上。

只要能善用財位，就可為公司帶來好的財氣，一般公司裡的配置有董事長室、總經理室、主管室，若一間辦

公室內能善用兩個以上的財位，將這些重要職務的辦公室都規劃在財位上，則公司必定會有很大的成長空間。

董事長室的隔間規劃

辦公室的主管位置，大多會有隔間的情形，讓個人獨立的隱密空間，此時若在東方的國家，則其所隔間的內部牆，就不宜緊密，應以

↑ 董事長的任何一個決策，都可能影響公司的前途，因此必須為他準備一個絕佳的思考空間。

半牆玻璃為隔間牆，以期能有穿透性，方能帶給內部員工有壓力作用，才不致於有混水摸魚的時間觀念，但主管的桌子就必須有密閉的櫃子，不宜學歐美的辦公桌只有桌面

→ 若為東方國家之董事長辦公室，紅色虛線部位應設置玻璃牆面以達監視效果，西方國家辦公室則以實牆為佳。

東西方差異部位

一塊板子，其餘都是鏤空的桌底。

在西方國家的辦公室隔間就與東方國家有相反的格局導向，應該在隔間時，使用密閉的牆面隔間，但所使用的辦公桌規格，就必須以平板而全部鏤空無抽屜的辦公桌，置物都以其它邊櫃為用。

東方人處事都有自掃門前雪，莫管他人瓦上霜的理念，混水摸魚的心態很重，故就必須以監視作用的格局規劃，但個人的職位權責已經到了不須自己事必躬親的規模時，則也能採西方的辦公室隔間規劃。

左圖為東方適用的董事長辦公桌，右圖的辦公桌則較適合西方人使用。

辦公室的空間大小

經常在西洋電影裡看到這樣的場景，公司董事長好像都擁有一間超大的豪華辦公室，董事長辦公室的大小雖然沒有一定的標準，但是建議最好還是能秉持中庸比例原

58

則，也就是多大的公司就規劃多大的辦公室，大公司規劃
小辦公室給人感覺寒酸、主事者做事缺乏魄力、目光短淺
等直接印象，而小公司規劃大辦公室則給人感覺主事者虛
有其表、喜歡擺闊而無真材實料，這兩種規劃方式都不恰
當，客戶很可能因為這種錯誤印象而不敢將生意交付給
你，所以最簡單的原則就是以大配大、以小配小。

　　另外，辦公室使用空間的大小也代表著這個人在公
司的身份地位與重要性，同樣是主管辦公室，空間的分配
就要與個人的位階成正比，也就是說，董事長的辦公室就
要大於總經理辦公室、而總經理辦公室又要大於經理辦公
室，依此類推，若是小主管的辦公室都比一級主管的辦公
室大，代表公司可能有越俎代庖、下屬不聽命令的情形。

主管辦公室內不宜設廁所

有些主管為了突顯自己的氣派，會要求在自己的辦公室內設置一間專屬的洗手間，不過，這對長期在這裡面工作的人而言，卻有很不好的影響，因為廁所是一間辦公室穢氣聚集的場所，應該要遠離人們工作的環境越遠越好才對，更何況是設在空間比較狹小、且空氣流通性較差的主管辦公室！就算廁所的門沒有正對工作者的辦公桌，但其穢氣也會在空間中瀰漫，無形之中影響到人的健康與運勢。若要做個洗手間，建議應該在有個休息的大空間內設計較為理想。

辦公桌旁不宜設置洗手台

少數主管辦公室雖沒有另闢廁所空間，但卻在辦公桌旁設了一座洗手台，多了一座洗手台雖然方便許多，但卻是很不好的設計，因為水代表財，洗手台的水是不斷往外流的，也代表有漏財的情形，若辦公室又正好位在財位方，漏財的情形會更加嚴重，不要貪圖小方便而因小失大，唯有醫師的看診場所設置為吉利論之。

60

■ 讓你賺不到錢的辦公室設計 6

財務室是辦公室的金庫

　　一個公司財務室的重要性與董事長室相同，所以財務室的位置最好也能與董事長室比鄰而設最為理想，將其規劃在辦公室的財位方，若是財務室的規劃有問題，公司的財務一樣會出狀況。

錢財不露白

　　財務室除了方位很重要以外，若辦公室中若有放置重要物品的保險櫃，也應該放置在隱密的角落或採用隱藏式保險箱設計為宜，一方面除了安全上的考量以外，另一方面也是要避免

因為錢財露白所產生的漏財現象。另外，假如保險櫃不是採用隱藏式設計，則不可以有壓樑的情形，保險櫃不可以置於樑下，否則將會影響公司財務狀況的穩定。

財務室不可用鏡子當裝飾

在辦公室的空間，若為了要防止員工作出違反作業的程序，或是防堵員工將業務轉移到別的公司，也就是內神通外鬼的時候，可將鏡子貼在辦公室內的柱子上，但是若為財務部門，可就不宜用鏡子來防止機密或財祿外洩，因為財被鏡子照到，則為財祿金錢露白之理，所以鏡子在公司裝潢的使用上必須非常留意。

→ 財務室不宜用鏡子當牆面裝飾，代表錢財露白。

■ 讓你賺不到錢的辦公室設計 7

污穢文昌
創意短路

　　一間大公司一定有各式各樣的人才，每個人都有不同的工作性質與專長，想要讓公司成長茁壯，就必須讓每一個人在自己所職掌的工作任務上能夠發揮最大的潛能，而陽宅的區位規劃就能夠達到這樣的強化效果，例如將財務部門放在辦公室的財位方可以增強公司的財運，而負責創意行銷的企劃部門就應該擺在辦公室的文昌位為最佳。

企劃部擺文昌位，創意加分

　　如果公司有配置企劃部、設計部、研發部的話，這些人的工作內容就是動腦筋、想點子、思考問題、解決問題，所以最好能夠將企劃部門或研發部門規劃在辦公室的文昌位，文昌位的空間磁波對於腦力的開發有很大的助益，所以還在唸書的小孩在家中的文昌位讀書對他的學習一定有幫助，同樣的對於用腦筋吃飯的企劃、設計人員也是有幫助的。

　　如果辦公室的文昌位正好被規劃為廁所，那麼整個公司的企劃工作就會出問題，公司難有新的創意和發想，研發的新產品也得不到顧客的認同。

解決方案

　　如果你的公司是非常依賴企劃工作或研發工作者，雖然還可以利用流年文昌位來補強，但是工作的場所總不能每年都在更動，最好還是將廁所移出文昌位為宜，若有其他間廁所亦可封掉這間廁所不用，並隨時保持乾淨整潔。

補充資料－八宅文昌位

坐北朝南的房子（坎宅）坐北朝南的房子--文昌位是在宅中的東北方卦位

坐南朝北的房子（離宅）坐南朝北的房子--文昌位是在宅中的正南方卦位

坐東朝西的房子（震宅）坐東朝西的房子--文昌位是在宅中的西北方卦位

坐西朝東的房子（兌宅）坐西朝東的房子--文昌位是在宅中的西南方卦位

坐東北朝西南的房子（艮宅）坐東北朝西南的房子--文昌位是在宅中的正北方卦位

坐西南朝東北的房子（坤宅）坐西南朝東北的房子--文昌位是在宅中的正西方卦位

坐西北朝東南的房子（乾宅）坐西北朝東南的房子--文昌位是在宅中的正東方卦位

坐東南朝西北的房子（巽宅）坐東南朝西北的房子--文昌位是在宅中的東南方卦位和中宮卦位

64

■ 讓你賺不到錢的辦公室設計 8

座位的後方不宜無後靠

　　辦公室的背後一定要有靠山，所以在座位的後面必需要有牆壁，不可開大窗戶為靠，一般不懂風水自然原理的人，大多認為以窗戶的位置為背靠，在這裡辦公光線會比較好，但是在風水地理的自然理論卻視為是不好的格局，其斷言為犯小人的格局。

座位的後方不宜有窗戶

　　辦公室的背後一定要有靠山，所以在座位的後面必需要有牆壁，不可開大窗戶為靠，座位後方不宜有低矮的玻璃後靠，此種現象有如電風扇直吹背部，必有腰酸的現象，同時也代表有犯小人之格局，事業上的障礙會比較多。若座位後方是窗戶，就必須用木板封掉，或將座位移往有後靠的位置。

　　試想，若是座位背著窗戶，而窗戶外有人偷窺或有人偷偷地從後窗進來，根本無法去注意到，在這裡辦公注

⬆ 背後靠窗雖然光線較好，但卻是犯小人格局，工作上障礙較多。

意力也比較不能集中，若董事長或總經理的座位後方是窗戶，就必須用木板封掉，用窗簾或百葉窗來遮擋都是沒有用的，否則易犯小人。

座位後方無靠

座位的後方有靠代表工作上有貴人、有靠山，如果座位後方沒有靠，也就是說座位的後方沒有牆壁或任何同事的辦公桌、櫃子來當後靠，而是空蕩蕩的一片，就代表在工作上得不到任何幫助，貴人不明顯，事業難有出頭天，所以座位後方一定要有靠，最好是有一面實牆，若在大辦公區，後方也要有其他的辦公桌或隔板來當後靠為宜。

66

座位後方是走道或電梯口

座位的後方不但沒有依靠或任何屏障，更糟糕的還是大家進出的走道時，就必須特別注意了，座位後方有走道代表身後經常會有人走動，坐在這個位置上辦公一定會感到心神不寧，當然無法專注精神，所以工作容易出錯、判斷會出問題，也代表是犯小人的格局，經常會成為公司鬥爭及抹黑的對象。若是座位後方剛好對到了電梯門，情況會比走道更糟糕，因為電梯門一開一合，就像一隻猛虎蹲在背後一樣，除了犯五鬼小人的疑慮以外，還要注意有意外血光，身體健康也容易有病痛，最好趕快將座位移開。

→ 座位後方若為走道或門路，辦公時無法專心，人員進出時亦會影響工作情緒。

座椅不可無靠背

　　辦公用的椅子有很多種，一個企業主管辦公桌椅與其
事業的發展有相對關係存在，主管的辦公座椅必須有靠背
及扶手，有靠背代表有靠山、有扶手代表能有得力的員工
來幫助，所以絕對不可以用沒有靠背及扶手的椅子，否則
事業是無法有好的突破的，只有越來越沉淪而已，代表在
外貴人不明，得不到助力，公司的成員也都無法盡心盡力
工作，不然就是無法做得長久。

 典型的辦公用座椅。

■ 讓你賺不到錢的辦公室設計 9

座位不宜正對大門

　　人要呼吸，而陽宅也好比是一個生命體，故陽宅也需要呼吸，不宜在氣往外出煞的地方安置辦公桌，否則坐在其位之人必主工作忙碌，且易有是非，凡事不順，有功無賞、有過必殃。

大門正沖的位置讓人坐不久

　　辦公室裡的辦公桌位置，不可有正沖到門的情形，只有服務台的桌子可以正對大門而設，內部的辦公室空間就不宜有正沖門路的辦公桌。大門正對辦公桌代表受到外來的氣所攻擊，此人必定會以事必躬親的態度來處事，而且會有很多芝麻小事逢身，有做不完的事情煩心，對外有壓力產生，對內則管理會有漏洞，公司體制會逢人而改，逢事而動，一切容易處於不穩定的狀況之下，所以奉勸大家，若你的辦公桌有沖門的情形，儘速移開，情況很快就會有所改變。

座位之前不宜正對柱子

就像住家大門前不能有電線桿、大樹的道理一樣，辦公室內若有柱子的部位，在安排辦公桌時最好能移開，避免讓座位正對柱子，座位前有柱子就像一開門就碰壁一樣，影響的是工作的前途以及人際關係，有這種情形只要將桌子往旁邊挪開就可以化解。

⬆ 辦公桌前正好是樑柱，只要一抬頭就碰壁，會造成無形壓力。

座位正對廁所門

辦公桌不可以對到廁所的門，特別是主管的位置，廁所的穢氣會對財運及事業運有不好的影響，長期坐在正對廁所門的位置，對身體的健康也是一大危害。若有這種情形，最好能將廁所門改向，或是將座位移走就好，如果廁所前的空間夠大的話，亦可以在廁所門前加設一個 L 形的屏風來阻擋，光是在廁所門前加裝門簾是沒有效果的，穢氣一樣會往外擴散。

70

■ 讓你賺不到錢的辦公室設計 10

座位上方不宜有樑柱或有懸吊物

　　辦公桌之於辦公室，就如同陽宅之於環境，辦公室內的一切裝潢佈置、格局動線，都會影響在此辦公桌工作之人的思緒及運勢，因此在規劃辦公桌位置時，一定要先審視前後左右有無不良設計，以免造成日後工作的困擾。

座位上有樑會導致思緒不清

　　座位上有樑柱是十分常見的問題，和居家一樣，樑柱所在位置的氣場會有往下沖的情形，長期坐在樑柱下方，也會受到不好的氣場所干擾，思緒紊亂、腦袋不清楚，工作不會有傑出的表現，並且大樑會讓人產生壓迫感，會覺得自己的才能無法完全發揮出來、覺得自己的成就被壓抑，事業運自然不會順暢，故儘量想辦法避開壓樑的情形，若無法避開，也可以將整個天花板重做，將樑包覆在天花板裡面，壓樑的情況自然就消失了。

坊間有偏方說在樑上掛些制化之物便可化解壓樑的情形，其實那只能減輕心理的壓力，因為造成凶煞的原因並沒有真正消失，因此對於實質的沖煞物體還是必須回歸到以正統的風水原理來化解才有效用。

新增的天花板部份

⬆ 紅色虛線部位為原本橫樑所在位置，正好壓在辦公桌上方，但利用天花板將橫樑包在裡面之後，橫樑所造成的壓樑煞氣自然就消失了。

座位上方有異物垂掛會讓人有不安全感

有些辦公室為了要增加室內空氣的流通，會在天花板加裝吊扇，還有些辦公室為了讓光源更充足，會將日光

72

燈管以垂吊的方式來縮減燈具與辦公桌之間的距離,這些從天花板上冒出來的異物其實都會對辦公者產生莫名的壓力,因為它會讓人失去安全感,工作時無法專心,反而造成工作上的干擾,得不償失,所以天花板上不論是空調或者照明燈具,最好都能採內嵌或吸頂式設計為佳。

座位不宜位於斜梯之下

座位不能設在樑柱下方,當然也不可以設在樓梯的正下方,有些公司因為空間狹小,因此能使用的空間當然就要充分利用了,在這樣的情況下就容易出現座位正好位於樓梯下方的情形。樓梯下方的座位,氣流到這個地方的時候就會受到地形地物的影響,產生一股向下沖射的情形,其影響與壓樑相同,都會讓人腦筋不清楚,判斷力減弱,工作容易出狀況。

天花板太低工作壓力大

辦公大樓的天花板總是佈滿了各式各樣的管線,如果不加設天花板來遮蔽的話,不但不雅觀也會影響到室內氣場的流暢,不過在增設天花板的時候,一定要注意到高度的問題,若是把天花板做得太低,代表在這裡工作的人精神壓力會很大,同時也代表工作能力難以發揮,會壓抑員工的成長,所以天花板的高度一定要夠,若是受限於樓層高度無法拉高天花板,就儘量不要用吊燈、吊扇之類的

設計，那會讓空間顯得更低矮，保持辦公室的明亮，多採
用淺色系及明亮色系的裝潢，可以讓室內看起來更寬敞一
些。

 辦公室的天花板太低，工
作時會有壓迫感，可以多
用亮色系的裝潢還增加視
覺的空間感。

74

■ 讓你賺不到錢的辦公室設計 11

座位的環境是否髒亂

　　從玄關一進入公司內，如果映入眼簾的是整整齊齊的辦公室，會給人一種祥和的感覺，這樣就代表公司內部的人際關係完美，員工團結向心力強，若是環境髒亂，不但外人觀感差，就連內部員工也會覺得公司沒有紀律，容易有違法亂紀的行為發生。

環境的好壞會影響人的腦波

　　辦公場所和居家一樣，都必須要有一個整潔的環境，良好的環境才能讓四周的氣場順暢，也才能有好的財運和事業運，穢氣和煞氣都會對人有傷害，環境對人的影響，不光只有視覺，人的視覺接收到雜亂的訊息，一樣會影響到腦波，使思緒變得紊亂，工作的環境髒亂，員工做事就容易分心，容易犯錯，對於公司的紀律也不會遵守，常有陽奉陰違、公器私用、自掃門前雪的自私心態。

　　所以，當你發現座位四周有堆放雜物、放置垃圾箱、

或出入的動線不順暢時，記得將環境整理乾淨，可以在原放置垃圾箱的位置擺一些綠色植物來轉化氣場，效果也不錯。許多人的辦公桌旁都會放置一個垃圾桶，但如果垃圾桶擺在外面的話，不但有礙觀瞻也會影響個人的人際關係，所以最好將垃圾桶收到辦公桌底下或隱藏起來。

髒亂的工作環境，讓人心浮氣躁，越做越累。

隨時保持桌面的整潔

另外，可以多利用邊櫃或置物櫃來堆放物品，不要將桌面堆滿公文和雜物，這樣會讓人未做事就先覺得疲累，專注力也不佳，所以要經常保持乾淨整潔的桌面，暫時用不到的公文或物品就先擺進櫃子或抽屜裡，若是前一天未完成的工作，下班之前也要記得桌面上的公文要先歸檔

收好，隔天上班再拿出來，不能直接攤在桌面上，要不然
會讓人覺得工作好像永遠做不完似的，工作的動力就會降
低。

辦公桌是個人工作最主要的空間，為了要使工作更有
效率，辦公桌上儘量避免不必要的擺設，不過在桌上擺些
小裝飾卻可以穩定工作的情緒，例如擺上幾張家人朋友的
照片、有勵志小語的紙條或飾品、一個小盆栽等等，在辦
公桌的內側擺一顆水晶球，可以增強你的人際關係和工作
能量，擺個葫蘆造型的開運飾品可以招來好運氣，養一隻
鬥魚具有激勵工作士氣的作用。

辦公環境簡單舒適，最能安定員工的工作情緒。

■ 讓你賺不到錢的辦公室設計 12

主管桌的位置
不宜有走道來沖

辦公室內的桌椅排列，其動線氣場，足以影響坐位之
人的處事態度與處事的結果，而在一間大辦公區裡，主管
的座位又特別重要，如果管理人員因為思慮不清楚而導致
決策錯誤，公司還會蒙受更大的損失。

主管桌不宜當道而擺

在學理上，每一個卦位有其特別的涵義存在，但自然
動線所講求的是順暢，不要有沖煞的流動氣場，否則必定
會帶給被沖之人的處事困難重重，凡事不順心。

負責人主管的位置，絕對不可以當道而坐，否則整團
隊的運作就無法達到預期的理想。以圖例中的職員位置排
列，應以前面職員的位置兩人合併在一起，而主管坐在後
面，自然能達到隱密，氣能有停留聚氣之象，動線流於兩
邊即可，不應流在中間，而將主管桌正沖通道，這是後天

人為因素所產生的氣煞而干擾公司運作的敗筆。

　　圖中還有另外一個問題，員工的座位沿著走道由中間平均的分成兩邊，讓辦公室看起來就像兩個完全相對的部門一樣，這種座位的排列方式會導致內部員工的分裂，形成對立的情形，大家無法同心為同一個目標努力，解決的方法和上述相同，只要將座位合併在一起，將走道留在兩邊即可。

解決主管桌當道的方法

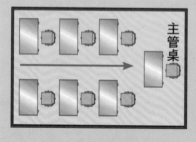

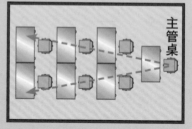

主管桌

主管桌

⬆ 主管當道而坐，煞氣沿走道直沖主管桌，走道由正中將員工桌一分為二，代表員工彼此對立。

⬆ 將員工桌合併靠攏，走道在辦公區兩側，主管桌位在最後方可達監視的效果。

■ 讓你賺不到錢的辦公室設計 13

座位的安排影響員工工作心態

　　辦公桌座位的安排看似簡單，但其中學問卻不少，各種的排列方式都會產生不同的處事心態，若是隨意擺設，恐怕會影響到員工的上班情緒，身為公司的管理者千萬不可馬虎。

東西方的座位安排大不同

　　通常在安排整個大辦公區的座位時，筆者都會建議讓所有人的座位朝向同一個方向，代表大家有共同目標，共同理想，較不會有因私而忘公的情況。和一些外商的大辦公室作比較，座位間都會用隔板分隔成一個個獨立的小空間，且各種方向都有，他們的工作就屬於責任制的管理，西方人大多傾向個人主義、責任心和自尊心比較強烈，每個人只要做好自己份內的工作就好，同事之間彼此競爭激烈，只要你有本事、有能力，你的薪水就比較高，升遷也比較快。但是東方人在性格上較不適用於這種管理方式，

▼ 典型的中式辦公室排列。　　　　▲ 常見的西式辦公室排法。

　　一旦疏於監督管理，容易有混水摸魚的心態產生，所以將
主管的座位安排在所有員工的最後面，能夠達到一定的監
視效果。

主管桌不宜與員工桌相對

對上班族而言，主管象徵著權威，員工在面對主管或老闆的時候，情緒往往會處在比較緊張的狀態，雖然面對面坐在一起有直間監督的效果，但如果長期與主管對桌而坐，你的工作情緒壓力一定很大，精神無法集中，而且容易與人有口角衝突。最好的擺設方法是將主管桌移到員工桌的最後面，一來可以避免員工因長期面對面所產生的不良後果，二來也能達到監視員工的作用，讓員工不敢隨便摸魚。

同事與同事之間的座位也最好不要有面對面而坐的情形，同一辦公區的座位最好都能朝向同一個方向，代表大家都能為公司同心協力，共同努力，辦公桌方位錯亂的辦公室代表各懷鬼胎、各自為政，甚至有假公濟私、爭權奪利的情形，公司不易團結。

消弭公司內鬥的小秘方

　　公司的規模一旦變大之後，許多問題就會接踵而來，最常見的就是股東之間為了各自的利益，互相勾心鬥角，彼此攻擊，往往會導致公司的分裂與衰敗。俗話說：「團結力量大」，內部團結和諧是公司穩定成長的原動力，平衡股東董事關係，避免內部亂源發生，是公司永續經營的必要法則。

◎ 事業團結秘方

　　要平和公司內的紛爭，可以在室內掛一幅「一團和氣」的開運畫，或以紅色硃砂書寫「合作無間」四個大字，再加上黃紙一張、硃砂、毛筆、一幅開運字畫。以毛筆沾硃砂在黃紙上畫一圓圈，圓圈代表合諧圓滿之意，然後再把所有股東的名字書寫於圓圈內，有團結

⬆ 合作無間祈福開運字畫。
（鴻運科技提供）

齊心的效果，將此黃紙置放於字畫後做一美觀修飾即可。

◎ 工作防小人秘方

　　如果你在工作上有犯小人的情形，可以用梅花錢來化解。梅花錢的用法有兩種，一種是將梅花錢掛於座椅後背或座位後方牆上，一來有助事業或官運亨通，二來可防小人背後暗害；另外也可以將梅花錢放在自己經常開關之抽屜內，特別是放置重要文件或物品的文件櫃內，這樣有助於事業之發展，對於剛升級的行政人員，這樣的擺設可以讓你很快融入新的工作，並且也能避掉許多不必要的中傷與小人陷害。

⬆ 梅花錢。
（鴻運科技提供）

■ 讓你賺不到錢的辦公室設計 14

主管室的位置影響管理者的決策

　　除了董事長室以外，公司各部門主管若有屬於自己的辦公室空間時，也要別留意規劃，因為空間不同，會影響管理的決策和處事心態，嚴重者更會影響到整個公司的營運狀況，所以也不能馬虎。

主管室的門彼此相對

　　在空間比較小的辦公室中，主管辦公室的門經常會有兩門相對的情形發生，這種門戶的配置，只要能避開就避之，但假若兩門相對而立，它代表著各自獨立的現象，也就是說大家各作各的、各自為政，大家自掃門前雪，這對一個講求團隊合作的公司而言，無疑是最大的傷害，兩門相對同時也代表彼此之間的口角紛爭會比較多，因為大家都各執己見，不容易妥協，所以會為了理念上的差異而爭執不休，這種情形只要將其中一扇門的位置錯開就可以完全化解。

大門與主管辦公室的門相對

　　辦公室的大門，如果一進門之後就立即看到主管辦公室的門與大門成一直線，兩門相對沖，這種辦公室就代表會對金錢財運不利，尤其是董事長室或財務室的門與大門正對沖，流年天星到辦公室的大門位置時，當年必定會有大量的金錢流失，像這種狀況只要在辦公室的大門入口處，以玄關屏風作區隔，就可以完全化解洩財之象。

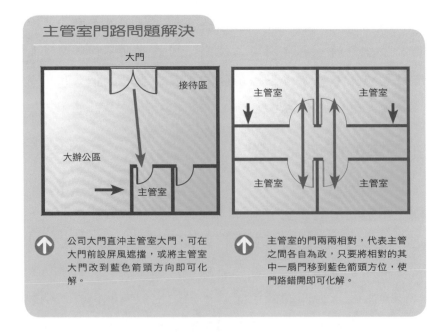

主管室門路問題解決

大門　接待區　大辦公區　主管室

主管室　主管室　主管室　主管室

公司大門直沖主管室大門，可在大門前設屏風遮擋，或將主管室大門改到藍色箭頭方向即可化解。

主管室的門兩兩相對，代表主管之間各自為政，只要將相對的其中一扇門移到藍色箭頭方位，使門路錯開即可化解。

主管辦公室的下方是騎樓

　　騎樓是台灣建築的特色之一，有些位於二樓的辦公

室,會將主管的辦公室或辦公桌規劃在房子的最前方靠窗的地方,忽略了下面就是一樓的騎樓空間,騎樓是行人來往進出的空間,氣場的流動很快,而主管卻在一個懸空且氣場不穩的環境裡辦公,思緒一定很亂,這會影響他的決策能力,

辦公室下方為騎樓,主管在自己的位置上會坐不住。

同時也代表這樣的主管在辦公室會坐不住,公司的大小事情都想親自去處理,屬於勞碌型的經營管理者,太注意小事,無法分層負責管理,除非自己的能力足夠,否則公司營運一段時間之後,必定有力不從心的感覺。除了騎樓以外,辦公室下方若為走道、地下停車場的出入車道,亦等同論之。

■ 讓你賺不到錢的辦公室設計 15

辦公室採光不良或無窗、少窗

　　陽光是生物的生命泉源，完全沒有陽光的地方就難以孕育生命，同樣的道理，沒有陽光或光線不足的陽宅一樣沒有生命力，有光線的地方才有陽氣，光線不足陰氣就會過盛，長期待在充滿陰氣的場所，人的健康、運勢都會有嚴重傷害，不可輕忽。

人造光源無法完全取代自然光源

　　室內的光線一般採自然光為佳，但是現在的大廈建築裡，通常無法完全做到，即便如此，也務必要讓室內的光線能夠充足明亮，昏暗的燈光，會讓人的判斷力降低，員工也會喪失衝刺的力量，對事業會有不好的影響。所以室內若有燈泡壞損，應該立即修復，不可馬虎。

　　請牢記一個陽宅風水的基本法則，再多的人造光源也無法取代最基本的自然光源，如果辦公室採光很不好，無論何時進辦公室都得開燈才看得見，這代表辦公室的窗

↑ 辦公環境的光源若受到其他建築物遮擋，應增加室內人工照明來補足。

戶不足，或者採光面被其他建築物給遮蔽住了，窗戶不足
代表房子對外的氣口太少，空氣對流會有大問題，窗戶太
小代表處事保守，在工作上魄力不足，採光不良代表室內
陰氣、溼氣較重，像這樣的辦公室，很難有大發展及大突
破，且在這裡面工作的人，身體健康常常會出問題，所謂
陽光不到病痛就會常常到，因此要避免找窗戶少或者採光
不佳的房子當辦公室。

不同的辦公室（店面）需要不同的光源

　　辦公室的燈光、亮度必須充足，才能有好的光景，使
事業順利，特別是仲介業、傳銷業，更要放亮辦公室的燈

光，使整體氣勢如虹，方能在業績上有所突破。

店面也是同樣的道理，只要室內燈光明亮，客人都比較願意走進來消費，一方面會覺得這是一家正派經營的商店（公司），另一方面，在明亮的燈光照射下，商品會感覺特別新、特別有質感，員工特別有朝氣。不過有些商店會因為行業別的不同，需要採用比較柔和的燈光設計，像是藝廊、美容沙龍、婚紗攝影、咖啡館、高檔餐廳等等，因為它們須要營造比較浪漫的氣氛，過於強烈的燈光反倒不宜，故光線充足只是大原則，還必須配合各種環境條件來適度調整才能達到最佳效果。

特別是從事業務工作的辦公室，明亮的光源有激勵士氣的作用。

↑ 高級餐廳需要靠柔美的燈光營造氣氛，太亮的光源反而不好。

採光面過大造成宅氣外洩

　　辦公室的採光一定要充足，所以辦公大樓的外牆就必須開設足夠的窗戶好讓光線能透進屋內，不過有些整棟採玻璃帷幕設計的大樓，外牆都有大面積的採光面，有些甚至整個外牆都是採光面，毫無遮蔽，這樣的設計就風水學得角度來看，也是不好的。辦公室要能發富貴，其設計必定要能夠藏風聚氣，採光面是陽宅的氣口，適當大小的氣口可以讓氣順暢的流進來，並且將氣收納於內，宅氣才能旺盛，如果四面都是大面積的採光面，氣從四面八方進來，也由四面八方散去，根本無法達到藏風聚氣的效果，

↑ 大樓外牆採整面透明玻璃設計，連內部結構也一覽無遺，這樣的大樓有宅氣外洩之虞。

因為宅氣大量外洩，因此也容易有洩財的情形。

從科學的角度來看，玻璃帷幕的設計雖然達到採光充足的目的，但受到陽光直照室內，裡面的溫度一定非常高，如果沒有空調的幫助，在裡面絕對待不住，故也有人稱這種建築為曬屍屋，所以窗戶固然要充足，但過與不及都不好。

不以開天窗來增強光源

若建築物的面積較大，或者大樓的三面都無法採光時，很多的設計師會在建築物的中央設計採光天窗，這些都是建築師不懂風水而犯下的大錯誤。

　　陽宅中是絕對不可在中央位置設置有採光的天窗，這就如同一個人的心臟瓣膜有問題，因此會導致居住或使用之人的健康產生障礙，以及事業財運的問題叢生。所以建議有此種規劃的格局，只要蓋掉天井採光則能完全化解，若是三面無法採光，則建議以側邊做細窄的採光天窗為吉，天窗亦不可以有過大的規劃，否則還是會影響卦位五行的其他問題。

 辦公室最忌諱以開天窗的方式來增加自然光源。

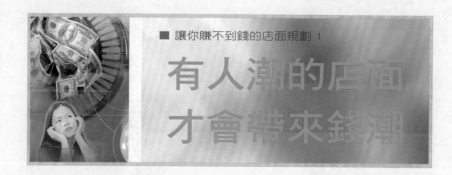

■ 讓你賺不到錢的店面規劃 1

有人潮的店面才會帶來錢潮

人潮是店面生意好壞的重要指標，沒有人潮就無法帶來錢潮，這是最基本的道理，店門外有人潮，顧客看見店內商品的機會就會提高，自然就會想進門來消費，因此，店面在找尋開設地點的時候，一定要先做好環境評估，通常只要是熱鬧繁華、人潮終日川流不息的地點，一般都是絕佳的開店地點，但是也有些例外的情況，要看開設的店面是屬於何種性質來決定最理想的地點，關於這一點會在下一個單元中進一步解釋。

找一間好店面是成功的第一步

因為一間店面能不能興旺、進財、發富貴，最基本的判斷方法就在於它是不是開在會發財的地方，就像一顆再好的種子（店面），若是沒有肥沃的土壤（地點），根本就沒有辦法開花結果、成長茁壯，因此，在創業或開店之前，寧可多花一點時間來找尋適合的地點，也不要貪圖便

經濟不景氣的年代，處處可以見到等著出租的空店面，因此慎選格外重要。

宜的租金，隨便找一間根本沒有人潮、位置偏僻的店面就做起生意來，這樣當然不會賺錢。所以找到一間地點合適又能發富貴的好店面，就等於是成功的一半，其餘的只是賺多賺少的問題而已。

從「市場角度」的分析幫你找出賺錢金店面

若單就市場經營的商業活動來分析，不涉及風水理論的話，我們可以從以下四點來對所謂的「人潮」做更進一步的分析，因為人潮來來去去就像海水一般，有高潮也有低潮，唯有確實掌握當地人潮的狀況，才能找到最適合自

己店面的地點。

1.人潮的屬性不同，選點也不同

每種行業都有其特定的消費族群，例如網咖、漫畫店，屬於年輕的族群，就適合找學區附近的店面；人離不開飲食，餐飲業看似不受地段的影響，其實不然，例如賣早餐、午餐的，就應該選在學校、工業區、辦公大樓附近，可以吸引到最多的消費群，因為放學或下班之後，這些地區的人潮就會急速下降，入夜之後幾乎沒有人潮，所以賣晚餐就不合適；賣晚餐、宵夜、小吃的，則應該選在市集、夜市、車站附近；若是賣精緻餐點、咖啡廳、精品服飾店等，則可以找流行、高消費的地段。以上都是因應其主要消費人潮來做地段選擇的例子，不光只是餐飲業如此，其他行業也有相同的問題存在，大家不妨在同一個地點分早、中、晚三個時段去觀察往來人潮的數量，就可以看出該店是不是符合自己的需求。

2.有人潮也要精算該點的投資報酬率

當然，好的店面相對的承租或承購的成本也比較高，在開店之前最好能先做好評估，若是小本經營的店面收入無法支應店面的開支，也只能退而求其次，往更外圍去尋找理想的店面，千萬不要硬撐，之前房地產飆漲的時候，就見到在精華地段許多經營的有聲有色的店面，只因為房

價和租金不斷飆升，最後入不敷出，不得不黯然離開的例子，這都是事前缺乏完善評估的結果。所以要選到一間樣樣都能兼顧的好店面，的確是件很不容易的事，但卻也是件非得下功夫去做的功課。

　　店面不論是用買的亦或是用租的，隨著地段的不同，所要付出的金額自然有很大的差異，但是筆者要告訴大家，價錢貴的店面不一定就是好店面，便宜的也不一定就能夠幫你省下一大筆錢，因為一家店面能不能賺錢，要看顧客會不會上門，再看上門的顧客，會不會掏錢出來消

↑　人潮的店面雖然可以帶來無限商機，但店面的投資報酬率也是考量重點之一。

98

費，這才是重點。所以，一間店面值不值得投資，要看這家店面是否真的有投資的價值，如果投資報酬率很高的話，就算是價錢貴一點，也是值得投資的好店面，相反地，就算租金再便宜，若是該區沒有人潮，外在環境又不佳，也不可貿然開店。

3.好地段不一定都在鬧區

過去大家都有一種錯誤的印象，認為熱鬧的地方因為人潮多，生意一定會比較好，其實並不盡然，因為熱鬧的地方，同業比較多，競爭也會比較激烈，消費者的選擇當然也多，在激烈的競爭之下，利潤也會相對降低，除非你有十足的把握，否則在鬧區開店不一定是最理想的。相反地，在郊區雖然人潮較少，但競爭對手一樣不多，甚至能經營成該地區的「獨占事業」，只要能做出好口碑，一樣會有絡繹不絕的顧客會上門。

4.考慮未來的發展性

有些地段看似沒有人潮，但是卻有無窮的發展潛力，也是值得投資的地方，例如一些正在籌畫當中的大型商圈、辦公大樓、新興社區附近、公共設施、捷運、交通轉運站、學校週邊等等，都是未來發展潛力無窮的好地方，這些可以作為大家在選擇店面時的參考，不過要選擇這些點來當店面需要一些獨到的眼光，畢竟未來的事還沒有實

現，變數仍多，所以事前一定要有審慎的評估。

店面與辦公室的擇點有不同考量

　　雖然都是屬於商業用途，但辦公室在選擇地點的時候與店面仍有不同的考量，辦公室地點的好壞雖然不在於人潮的多寡，但這並不表示辦公室就可以選在地點偏僻的地方。

　　近年來的商業不動產十分火熱，市中心的辦公大樓租金不斷節節高漲，有些企業為了節省開銷，乾脆到較偏遠的郊區設立辦公室，這樣雖然可以省下不少花費，但是辦公室的性質與工廠不同，除了風水考量以外，還要考慮到商業活動的便利性，工廠只要負責生產，移往郊區可以減輕企業負擔，但是辦公室負責的是商務往來及聯絡溝通，能夠縮短企業與企業、企業與客戶之間的距離是最理想的，所以商務辦公室一般都有磁吸效應，會聚集在某個交通便利、往來快速的都會中心，如果將辦公室移到太偏僻的地方，就商業競爭的角度來看就顯得弱勢許多，因此該投資的還是要投資，切勿顧此失彼，除非你是屬於大集團的辦公大樓，你的生意是人家來求你，而不是你去求人家的行業，否則還是要考慮聯絡溝通的便捷性。

■ 讓你賺不到錢的店面規劃 2

符合區域特性的店面才有商機

　　一般開店的概念是將店面設在人潮多的地方，自然就會有較多的客戶上門，這是被動經營的想法，不過人潮並不一定完全等於錢潮，這就是上一單元中所提到的例外狀況，為什麼會有這種情況發生呢？因為除了人潮以外，所開設的店面行業性質，最好也能夠和當地的整體環境相融合，如此一來，二者所產生的氣場才不會有衝突的現象，生意也容易有發展。所以更積極的作法是，「如何開設一間能吸引人潮主動到來的店面」，這才是真正能賺大錢的店面。

要開設吸引特定人潮的店面

　　每個區域的人潮都可以大致歸納出幾個大方向，例如住宅區多半是家庭主婦、年長老人或幼年孩童，工業區或商辦區多半是朝九晚五的上班族，學區多半是在學的學生等等，所以在開設店面的時候，只要能開設與該地區人潮

屬性較吻合的店面，提供該地區多數人都需要的服務，自然就會有客人主動上門來，這和被動的等客人進門是完全不同的概念，但最怕的就是為開店而開店，完全沒有做屬性評估就隨便找點開店，例如在安靜的學區附近，宜開設熱鬧的泡沫紅茶店，相反地，在熙來攘往的市集旁，卻開了一間靜態的書店，如此突兀的規劃當然不易吸引人潮，若是將兩者倒反過來，整體氣場就能夠融為一體，也沒有人會因為感覺突兀而不敢上門了。

區域特性與商店屬性

　　根據人潮的屬性不同，我們大致可以區分為以下幾個

晚上人潮熙來攘往的夜市，白天卻是門可羅雀，區域屬性的影響可見一般。

區域，如文教區、車站、捷運站、辦公大樓密集區、住宅區、熱鬧流行商圈、傳統市場集貨區、精品百貨密集區、工業區、廟宇、風景名勝區、城市郊區等等，但因為各行各業實在太過龐雜，無法一一說明，不過大原則是一樣的，以下列舉幾個「區域特性」與「商店屬性」相吻合的實例供讀者參考：

開店參考案例

1. 文具店可以開在辦公大樓旁、學校、補習班、安親班附近。
2. 快餐店、速食店、飲料店可以開在年輕人聚集的商圈附近、工業區或辦公區附近。
3. 小型百貨店、便利商店可以開在社區的重要入口，但最好與同業保持一段距離，能離越遠越好。
4. 快照店、沖印店可以開在學區、辦公商業區、風景區、汽機車監理站附近。
5. 藥局可以開在醫院、診所附近，或是選在社區的附近。
6. 理髮店可選在學校、社區、營區附近生意會特別好。
7. 洗衣店可以開在高級社區或辦公大樓附近。
8. 服飾店可選在熱鬧的市集、車站、商圈附近。
9. 自助餐店、便當店以辦公大樓、工業區、學校、政府機關附近生意最好。
10. 安親班、托兒所、補習班、才藝班可以開在學區內。
11. 生鮮超商可以找住戶密集的純住宅社區。

■ 讓你賺不到錢的店面規劃 3

宅基與路基 不齊高的問題

　　道路的維護品質攸關陽宅風水的吉凶，若是住到了路基高於宅基，或者路基低於宅基的房子，財運經常會有起伏波動，若是商辦店面有此情形，則財運的變化更為激烈，生意往往會逐漸走下坡，直到破產倒閉為止，因此不可不慎。

　　舊城市有一種特殊的景象，就是宅屋前的路面，因為柏油一次又一次的往上填補，而房子的水平面不動，積年累月之後，路面升高，形同房屋的宅基低於馬路的路基有好幾個階梯的深度，這種現象尤其以落後國家最常見，在台灣已經很少看到這種景象了，但是在菲律賓，這種現象就很普遍了，一樓房子的地板面低於馬路有三四個階梯的差距，這就是地方政府在鋪設馬路時，並未先刨除原鋪設之路面柏油，日積月累，一次又一次的鋪上柏油，最後就在不知不覺當中，房子的地板相對於路面已下陷了好幾個階梯的深度了。

104

路基高於宅基，財運節節敗退

　　這種路基高於宅基的情形會導致陽宅的環境氣運敗退、商機逐漸衰退的現象，在風水學中斷言為冷退散財之格局。若是當作住家，你會發現家裏的收入越來越差，財源也會越變越少；若是當成店面使用，更要特別注意，如果你只是做了幾個階梯方便客人下來你的店內消費，那麼這家店面遲早是要關門大吉的。

　　如果不幸你的房子就是這種格局，只要將你的地板面墊高與路面切齊即可，若是房屋作為商店使用，只要讓客人消費的場所能用木板架高與路面平，則商機也不致於會有敗退的情形，這是最簡單的化解方法，若是真的與路面落差太大，奉勸大家還是不要使用為妙。

樓板面低於路面的店面。

宅基高於路基，恐有洩財之虞

　　一般而言，要讓室內室外氣場流通順暢，最好能夠選

擇宅基與路基平坦等高的房子為用，若宅基高於路基一兩個階梯還算可以接受，若彼此落差太大，必須爬上四五格階梯以上者，則宅內之氣便會產生向外傾洩的情形，財氣也會跟著往外流，這樣的房子或店面主漏財，不易賺到錢，也不易存錢。

樓板面高於路面近一公尺的店面。

但如果你所經營的行業別，是屬於高人一等的工作，如補習班、特殊技藝者，則不忌高出的幾個階梯。假如高出地面或路面的陽宅前方，有較大的迴旋空間時，反而能創造更旺的財氣，像台北市幾個豪宅建案，就是採用這樣的設計。反過來說，如果大門一開就見到五六格向下的樓梯，毫無多餘的空間，則必屬洩財之格局。

106

■ 讓你賺不到錢的店面規劃 4

商辦位於三角
地帶問題多

　　許多做生意的人喜歡選擇「三角窗」的房子來開店，因為三角窗的店面會比一般店家多了一面展示貨品的空間，而且三角窗也是交通的交會地帶，人潮應該會比一般店面來得多，可是有少數人會誤會「三角窗」意義，雖然名為三角窗，但它的基本格局還是方正的，只不過是位在路口最邊間而已，若是不小心選到了真正是三角形的房子或三角形的地基，可是會問題多多的喔！

正三角形地基

　　土地面積常會因為馬路的規劃問題，產生了各種形體的面積，例如在一個交岔路口的位置，若為十字交岔口，則面積必定是正方格局，但如果為Ｙ字三岔路，則會有土地面積呈現三角形體，此土地基地則為前尖後寬之現象，在風水理論中論之為「退田筆」。

　　三角形地基雖屬不吉之基地，假使能有好的規劃，則

反能借煞為官，反能招財、招權。一般這種形體的基地論之為官司訴訟多，且流年一到則退財，但若能反煞為貴的時候，此種三角形體反而能帶來權威及地位。

三角形的基地外面馬路會形成Y形，此Y形路就如同剪刀之形體，故也論之為剪刀煞，剪刀帶有鋒利的刀鋒，能破金之五形及木之五行，所以在這種形體的地基宅屋，若作為有金屬之類或有刀之行業都屬吉利，中藥生意、鐵工廠生意，都是適宜之場所。在菲律賓，筆者曾堪輿過僑界領袖高祖儒先生的宅第，他的宅第就是在剪刀口，但他在世時是富甲一方，在僑界及菲國政府，霸權一方，這就是陽宅能借煞為用的特殊形體宅基。

倒三角形地基

三岔路口之基地，有時也會呈現倒三角之形體，倒三角則地基為前寬後尖之現象，三角在五形體裡論之為火星，若建物之後方為尖尾之地基，則此地基論之為火星拖尾，人居住此形體之基地上是屬非常不吉利的。

流年到房子的方向磁場，易有火災或散財之現象，宅中居住人之生肖若與宅之量能有正剋之情形，流年一到易有橫屍街頭或意外血光及開刀的情況發生，所以這種宅基是非常不吉利的。

要化解此種宅基的凶煞，只要土地面積夠大，應該割讓尖角之部份來作路邊之公共設施區域，化解尖形之風阻，以免讓居住之人產生傷害。

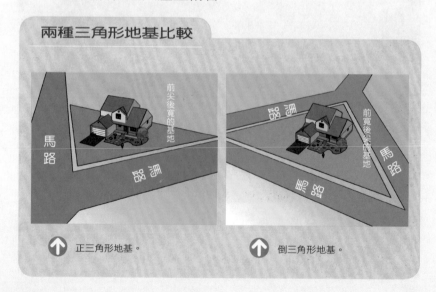

兩種三角形地基比較

前尖後寬的基地

馬路

馬路

前寬後尖的基地

馬路

馬路

⬆ 正三角形地基。　　　⬆ 倒三角形地基。

不規則地形與不方正宅體

雖然我們都知道不論是住家亦或公司店面，皆以方正格局為最佳，但是在寸土寸金的都市裡，有時候地主會捨不得一些不規則的畸零地，就沿著土地的原本形狀蓋出一間不規則外型的房子來，其實這樣的房子在風水學上會犯到許多意想不到的問題，像是缺角、盈凸、前後長寬不成比例、左右不對稱等等，一間格局不方正的房子，其宅氣會受到地形的限制產生亂流的情形，若是在這裡開店做生意或是開公司，財運必定不會順暢，所以格局不方正的房子，還是少用為宜。

若是已經用到了這種奇形怪狀的房子，在無法立即更換的形況之下，若房子有缺角的問題，建議先採用風水制化的方式先暫時解決行氣不順的問題（請參考財位缺角解決辦法），或是以隔間的方式，將房子內部的使用面積隔成方正之格局，至於多出來的不規則空間，可拿來當成儲藏室或規劃成室內的美化空間，儘量讓真正的店面或辦公空間呈方正之格局，亦可化解不規則建築所產生的傷害。

■ 讓你賺不到錢的店面規劃 5

不適合的門面
設計會影響財源

　　所謂人要衣裝、佛要金裝，商辦店面也需要一定程度的裝潢才能吸引顧客上門，所謂的「裝潢」並不一定都要砸大錢把房子佈置得富麗堂皇，最主要的是要「適當」，而一切的裝潢又都要從門面開始做起，因為一間房子的門面是所有人接觸的第一印象，除了感觀的因素以外，更重要的是門面還涉及到陽宅能否順暢納氣的關鍵。

合乎比例的門路才能留住錢財

　　門的大小有一定的尺寸，最好能夠符合文公尺（魯班尺）中的吉祥尺寸為佳，至於門的比例，則必須考慮整個辦公室或店面的空間來作為設計門面大小的考量，以大小適中為最佳，不要以為隨便開一扇「大」門可以讓公司看起來更氣派，其實這是非常錯誤的觀念。

　　門是陽宅的納氣之口，也是進財的通道，口大當然有利於進財，但有利亦有弊，納氣口過大相對的也不容易留

住來財，所以設置一個過大的門路，錢財容易有大進大出的現象，財務狀況時有起伏。

如果是一間大公司或是大賣場，卻只開了扇小門，同樣也是不理想的狀況，一來給人感覺這間公司作風保守、不會有大作為，內部人的心胸氣勢也不夠大，會有小家子氣之處事態度，跟你作生意得不到什麼好處；二來小門也會阻礙到進財的狀況，產生營運不佳、接不到訂單等、客人不太想進門的現象。

店面與辦公室的設計差異

位在一樓的店面是以展示銷售商品為第一考量，所以能夠讓往來的顧客清楚的看見商品本身，就能進一步引發

汽車展示中心將門面及外牆全部改造成透明玻璃，不論從哪個角度都能清楚看見店內所展示的商品。

他們的購買慾，所以店面的大門採用開放式設計是很理想的，大面落地窗可以讓外人不須入內就可以一覽店內的全貌，有助於銷售的業績。

　　如果是位在一樓的辦公室則正好與店面相反，門面最好採用正常的牆面，避免使用大面玻璃的設計，特別是透明玻璃，因為一間公司的運作是屬於機密行為，所以儘量不要讓人看見室內實際的辦公情形，否則將有商機敗露之嫌，若是站在大門口便可以一窺辦公室的全貌，則必須在辦公室正門入口處設服務台，或是在進門的玄關處有大面屏風可以將前廳與辦公區完全隔開，方可化解這項缺失。

位在一樓的辦公室，其外牆就不宜採大面透明玻璃設計，應做適當的遮擋。

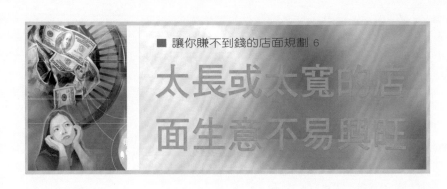

太長或太寬的店面生意不易興旺

　　房子的型態有千百種，有些為因為使用土地面積的限制而蓋出奇形怪狀的房子來，當我們要選一間房子來開店或當成辦公室時，千要不要貪圖便宜的租金而去找這樣房子來使用，否則日後的損失會更大。

房子以方正格局為最佳

　　房子不論是用來開店做生意或是當成辦公室使用，都應該以方正格局為最佳考量，其面積比率應該是寬二長三為最佳，有些房子雖然沒有缺角的問題，但是長寬比例相差很大，同樣也不宜拿來使用。太寬的房子缺乏納氣的腹地，氣進到房子裡面之後易散不易聚，所以也不容易聚財。

　　早期透天厝的老房子往往是蓋成狹長形的，門面很小，但縱深很深，像是台北市著名的迪化街就是這個類型，太長太深的房子整體氣場上不會流暢，氣進到房子一

半就無力再往內，因此多半會給人陰森的感覺，若是用來當做店面，生意將會有日漸衰敗的現象。

修改格局轉化商機

　　太過扁平的房子，由於沒有縱深，如果是自己的房子，不妨將它區隔成幾個大小適中的小攤位來出租，因為小攤位需要的腹地空間不大，也沒有屯放貨物的問題，同時做這樣的切割又可以增加出租的收入，是一舉數得的改造方式。若是屬於狹長形的房子，由於門面較小，所以大門要儘量採全開放式設計，以增加店面的可視度，至於店內過於狹長的問題，可以將後段的空間改成屯貨的倉庫或個人辦公室使用，若是餐飲業也可以將後段部位改成包廂，如此區隔便可讓整個店面不會有「深不見底」的感覺。

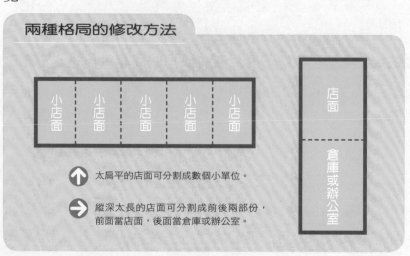

兩種格局的修改方法

小店面　小店面　小店面　小店面　小店面

店面

倉庫或辦公室

⬆ 太扁平的店面可分割成數個小單位。

➡ 縱深太長的店面可分割成前後兩部份，前面當店面，後面當倉庫或辦公室。

■ 讓你賺不到錢的店面規劃 7

濫用騎樓空間
造成反效果

　　騎樓應該算是台灣建築的特色之一，騎樓的設計，基本上是提供人們遮陽避雨的基本需求，但是許多店家為了要讓店內的商品更貼近顧客，會將騎樓延伸成為店面的一部分，霸佔騎樓之後將商品往外擺，這個舉動看似聰明其實不然，當心因小失大！

騎樓的功能與重要性

　　騎樓對於開店的商家或是開設在一樓的辦公室有什麼影響？騎樓原本就是屬於陽宅的一部份，它所在的位置正好又銜接在陽宅的大門與宅前的馬路之間，其重要性有點像人的唇齒，兼具著輔助納氣與實用性價值，不容忽視。

　　由於騎樓是一個比大門更接近群眾的地方，因此充滿了無限的商機，若是能夠好好加以利用，例如設計精美的櫥窗，的確可以吸引過往行人的目光，但如果霸佔整個騎樓空間為己用，讓行人都無法通行，不但違法也對自己不

利，因為行人若因此而繞道而行，不走進店內接觸到更多的商品，就無法產生更多的消費行為，自然就會流失掉許多商機。

騎樓以通暢美觀為宜

從風水的角度來看，讓商品更貼近消費群眾是正確的選擇，不過太濫用騎樓的後果可是會產生反效果的。首先，騎樓原本是行人通行的場所，有動線順暢的騎樓才會有穿流不息的人潮，如果陳列了太多貨架或商品在騎樓上，甚至將整個騎樓佔為己有，兩側還架起了鐵門來阻隔，雖然延伸了商店的面積，卻阻斷了往來的人潮，等於是自絕商機，千萬不可取，況且現在政府已有明文規定，騎樓不得作為私人用途，故在做法上應採取變通之道。

其次，騎樓也是陽宅的納氣空間，如果騎樓上堆滿了商品、同時又停滿了汽機車，只會阻礙氣流的順暢而已，根本達不到輔助納氣的效果，對進財反而有害。

 騎樓完全被商品佔據，反而看不見店面本身，若是擺在大門口，還會影響店面氣的流動。

店內的動線影響顧客的消費意願

　　店面的動線與一般住家有一些不同，店面的動線首先要考量的是室外動線，因為如果室外動線不佳，客人就不容易上門，生意當然不會好，所以如何設計一個能吸引（導引）顧客進到店內的動線是店面設計首重的課題。

　　當客人順利的進到店內之後，接下來的問題是，如何讓客人能夠在有限的空間與時間裡，很舒適的在店內瀏覽、購物與消費，這就要靠室內動線設計的幫助了，所以室內動線的好壞會影響到顧客再次光顧的意願，當然也會影響你的業績。

室內動線不可有進無出

　　店面與住家最大的不同之處就在於住家的動線比較固定，因為住家的基本設施大致是相同的，不外乎就是客廳、玄關、陽台、臥室、廚房、廁所等等，但店面可就不同，三百六十行，每一行都有每一行的特殊需求、特別的

生財器具、店面也可能會隨著使用面積的不同而作適當的
裝潢與變化等等,所以在設計時不能死板,一定要靈活運
用。

　　店內的動線雖然沒有制式化的標準作依循,但必須以
順暢為最高原則,最好是讓通道能貫通一氣、彼此相連不
斷,避免有進無出的設計(就是通道無出口,走到底還必
須依原路折返);櫃台的位置最好能規劃在通道的出口處
以方便客人結帳,若櫃台離通道出口很遠,顧客還必須抱
著一堆商品繞回櫃台結帳再出門,會造成很大的不便。

店面不可有穿堂煞

　　動線如果太過筆直,例如一條通道從大門直通到後
門,這會形成一個穿堂煞,此格局代表錢財左手進右手
出,根本無法存得到錢,你可以利用現有的貨架大型商品
的擺設加以阻絕,或是在後門前加設屏風阻擋視線,只要
站在大門的位置看不見後門,就能完全化解穿堂煞的影
響。

　　動線並不是規劃好了之後就不能再更動,如果經營一
段時間之後,發現有哪個部分不順暢時,就應該立即作修
正,不斷地嘗試以找到最佳動線,因此貨架最好採用可移
動式者為佳。

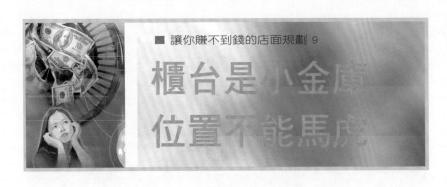

■ 讓你賺不到錢的店面規劃 9

櫃台是小金庫
位置不能馬虎

櫃台是一家店面金錢進出的地方，也可以算是這家店面的財庫所在，所以一般店面在選擇櫃台位置的時候，筆者多半會建議選擇在店面的財位上，但是礙於每家店面的格局不同，不可能每家店面的財位都非常適合設置櫃台，所以在選擇櫃台方位時就要格外小心了，設置不好可是會導致破財的喔！

櫃台方位的選擇

有一種說法認為，房子的左青龍邊為變動方、右白虎方為不動方，櫃台既然是錢財的進出之處，就應該要將櫃台設置不動的白虎方（面朝大門外的右手邊），若是將櫃台設在變動的青龍邊，則主財不易守、流動性較大。

依筆者見解，將櫃台設於又白虎邊是因為氣的流動是依大門的進氣為論，大部分的店門均是設於正前方，所以正前進來的位置和右側方均非常理想。不過，櫃台要在右

櫃台除了付帳的功能以外，還要兼顧服務的功能，因此設置時一定要考慮方便性。

前方的理論，只適合於東方國家為論，主要是因為東方為五行木，木之氣為正；西方之氣為金，氣之五行為偏，也因此，擺設位置就必須符合氣的運作關係。

若您的店面還另設有服務台的話，服務台比較重視的是「便利性」，所以一般都會建議設置在正對大門最明顯的位置上，或者就設在大門的門邊，讓人一進門就能找到。

櫃台擺財位的迷思

雖然說櫃台最好能擺在店面的財位上，但這只是一個

大原則，若是店面的財位正好位於最不起眼的角落，或是視野很差的地方，最好還是換個位置為宜。一般而言，從櫃台的位置最好能監視到店內的每個角落，同時也是店內最明顯的位置，若因為貨架或商品的陳設而影響了櫃台的主控位置，就必須立即作修正為宜。

若是能將櫃台設在店面的財位上還是最理想的選擇，特別是櫃台上還擺有收銀機的情形，如果只是單純的服務台而沒有金錢進出的情況，就只需考慮店內動線的便利性即可，若是有收銀機，就算不能擺在店面的財位上，也要避免擺在店面的洩財方，否則收支必有入不敷出的狀況。

補充資料－八宅財位

1.坎宅：即座北朝南的宅屋，財位分別在西南方與正北方。

2.離宅：即座南朝北的宅屋，財位分別在正南方與東北方。

3.震宅：即座東朝西的宅屋，財位分別在正東方與西北方。

4.兌宅：即座西朝東的宅屋，財位分別在東南方、正南方與西北方。

5.巽宅：即座東南朝西北的宅屋，財位分別在東南方與西南方。

6.艮宅：即座東北朝西南的宅屋，財位分別在東北方與西北方。

7.乾宅：即座西北朝東南的宅屋，財位分別在西北方、正西方、正北方。

8.坤宅：即座西南朝東北的宅屋，財位分別在正東方跟西南方。

■ 讓你賺不到錢的店面規劃 10

櫃台的形式要慎選

櫃台的大小要適中

有些人認為櫃台既然是一家店的財庫所在，就應該弄得氣派一點，但如果只是一家幾坪大的小店面，卻弄了一個巨大的櫃台，不是讓人感到很突兀嗎？其實櫃台不一定要大，但是整潔美觀卻是一定要的，與其把櫃台裝飾得富麗堂皇，還不如直接在櫃台上擺設一些開運招財物來得有效。

櫃台的樣式要能與經營的行業相吻合

也就是說您經營什麼店就設計什麼樣的櫃台。前面說過櫃台是一個統稱，就某些行業而言，其實櫃台並不等同於收銀台，反而比較偏向於櫃台的服務功能，例如飯店、旅館、服務業等等，所以在設計櫃台的時候，就必須考量到您的櫃台可能需要的功能有哪些？或者櫃台前方的空間需要多大？

　　若是以飯店為例，飯店旅館是一個公眾場合，所以在這個地方必須要有親合力，要有寬敞的空間，方能吸入大量的人潮，帶來好的生意，而且櫃台是旅客進入飯店的第一道手續，因此必須合乎自然動線的要求，所以前方空間的深度要夠，櫃台的高度要略高，考慮旅客填寫資料的方便性等等；其他不同行業的櫃台都有不同的需求，不能一概而論。

櫃台的高度要適中

　　太高或太矮的櫃台都不好，櫃台太高會有不容易親近、拒人於千里之外的感覺；櫃台太矮又會讓櫃台裡的人有不安全感，至於何謂適中的高度？其實也要看情況而

不同行業的櫃台，應該根據其功能性來決定櫃台的高度。

124

定，一般約在一百至一百二十公分左右為理想之高度，講究一點的人認為櫃台的長寬都必須符合魯班尺的吉祥尺寸，這一點請大家自行斟酌。

不過有些例外的狀況，可能需要將櫃台的高度拉高或放低一點，例如前文所提到的旅館及飯店櫃台，為了方便人填資料，高度可能需要拉到成人的胸部位置，如果換作是水果行，客人到櫃台需要有過磅、包裝等動作，所以櫃台就必須稍微低一點以方便操作。

櫃台最好能採圓弧形設計

從風水的角度來看，弧形的櫃台代表圓融，氣流到這個空間之後，弧形的櫃台能使氣場轉圓而不會被尖銳的直角給破壞。從科學的角度來看，櫃台既然是每位客人進出的必經之地，如果設計了一個四四方方的櫃台，進出之間很

圓弧形的櫃台設計不會給人壓迫感，顧客較容易親近，同時也有導氣的作用。

容易產生碰撞尖銳桌角而受傷的情形。

如果您的店面不適合設置弧形的櫃台，最好也能將櫃台的桌角位置改成弧狀，對您一定有幫助。常見到有店家在進門的位置設置 L 形櫃台，而櫃台的轉角處就出現了一個尖銳的直角，客人在進出之間就會產生莫名的壓迫感，對店家而言，氣從大門進來第一個就碰上櫃台的直角，氣流立刻會被擾亂或是反彈出去，無法順暢的流進室內，生意就不會興旺。

解決櫃台尖角的方法

要解決這個問題其實很簡單，你不必特地去換一組新的櫃台，只要將櫃台的直角改成圓弧形，讓氣順著弧線導入室內即可，加強的方法是在這個角落的位置，擺設一只圓形的花瓶或藝術品當裝飾，其功能也是在加強氣流迴轉的速度，讓店內氣場得以順暢。圓形的花瓶樣式有很多，讀者都摸不清楚形體，建議您不妨參照大師獨家設計的開運轉氣瓶，相信它必能幫您創造富貴與興隆的生意。

開運圓滿如意轉氣瓶。
（鴻運科技提供）

■ 讓你賺不到錢的店面規劃 11

造成漏財的
四種櫃台設置

櫃台旁設水槽為漏財之兆

櫃台既然是店面的財庫，因此最忌諱與流動的水在一起，筆者見過許多的餐飲店及水果行，店主為了清洗方便，就直接在櫃台旁設了一個洗手台或水槽，財庫旁有水不斷的往外流就代表著錢財的流失，主漏財、無法守財，除了少些特殊行業，如醫院診所醫師的看診台旁可以設水槽外，其他要儘量避免這樣的設計。

其實不光只是櫃台旁設水槽代表漏財，若是所使用的房子有水管漏水的問題，不論是住家或是營業場所，也都代表有漏財的現象，尤其以營業場所的情況最為明顯，因此，最好能完整的巡視一下房子內的所有水管管線，特別是一些屋齡較老的房子，最容易有水管滲漏、馬桶漏水、牆壁滲水、壁癌等情形，若不儘快解決，不但漏財的情形無法改善，連身體健康也會受影響。

櫃台有廁所來沖

櫃台旁除了不能有水槽以外，也忌諱將櫃台設在廁所的前面或旁邊，因為廁所所產生的穢氣以及廁所中流動的水都會讓財庫不穩定，造成破財、進財不順等情形。另外，廁所也會有客人進進出出，當客人要到廁所時都必須經過櫃台後方，也有錢財露白之虞，若是疏於照顧，很可能會有財物遭竊之害。

櫃台設在梯下，財運會被壓抑

在寸土寸金的都會商圈裡，經常可以看到只有三四坪大的迷你店面，這些店面因為空間狹小，因此能使用的空間當然就要充分利用了，在這樣的情況下就容易出現櫃台正好位於樓梯下方。在樓梯下方的位置，氣流流到這個地方的時候就會受到地形地物的影響，產生一股向下竄流的情形，如果樓梯下面又正好是收銀台（財庫）的話，當然會造成很大的衝擊，財庫不穩定，想賺錢都很難！

櫃台設在樑下，財運動盪

櫃台不能設在樓梯的正下方，也不能設在樑柱底下，其道理與設在樓梯底下是一樣的，因為氣流的衝擊，造成財庫不穩定，財運會有直接的影響。若是不想將櫃台移到他處設置，也可以將天花板面整個拉平，將樑柱隱藏在天花板內不外漏就可以化解這個沖煞。

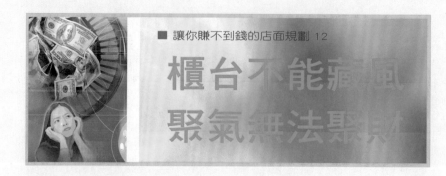

■ 讓你賺不到錢的店面規劃 12

櫃台不能藏風聚氣無法聚財

　　若是將櫃台視為店內的財庫所在，這個位置就必須要能藏風聚氣才能聚財，最怕的就是財庫四周有門路來洩氣，這會導致漏財的情形。

櫃台後方不能空無一物

　　櫃台在設計的時候，有一個最基本的原則一定要把握，就是櫃台的後方必須是密實的牆壁，不能空無一物，也不能有任何出入的門路或窗口。

　　從現實的角度來看，如果櫃台的後方沒有後靠，則任何人都可以隨意在櫃台後方走動，這對櫃台的安全性而言是極為不利的設計。若是從風水的角度來看，一個財庫的空間要能聚財氣，店面才可能賺錢，櫃台既然是財庫所在，其設計當然也要能達到藏風聚氣的效果，若是櫃台後方沒有後靠，或是櫃台的後面還留有出入的門路，則氣流至此處必隨氣口散去，根本無法達到聚氣的效果，相對的

也無法聚財。

　　根據筆者觀察，最常出現這種狀況的店家是餐飲業，往往在櫃台的後方就是餐廳的廚房，為了方便傳遞食物，所以櫃台和廚房之間往往只隔了一道門簾，或者彼此之間根本就是相通的，想想看，這樣的櫃台不但不能聚氣，廚房所產生的油煙廢氣更會影響到這個空間氣場的品質，所以不要為了一時的方便而犯下大錯。

　　也有人因為店面較小，就將櫃台的後方規劃為廁所或自己的辦公室，雖然平時是將門關上的，但是在進出之間還是會產生櫃台氣場的外洩情形，所以同樣會導致漏財。

↑　櫃台後方有門路來洩氣，代表洩財、無法聚財。

■ 讓你賺不到錢的店面規劃 13

櫃台不隱密
等於錢財露白

櫃台設計要有隱密性

櫃台的位置必須要有隱密性，故後方不能是透明的玻璃窗設計。

櫃台是一間店面金錢進出的場所，除了有收銀機以外，有些商家還會在櫃台底下設置保險箱來存放財物，現代的商家流行以大片的玻璃圍幕作為店門的設計，若是櫃台又剛好位在玻璃圍幕的後方，則門外過往的行人豈不都能將櫃台內的情形看得一清二楚？所謂財不漏白，就好比沒有人會將保險箱擺在明顯的地方一樣，讓櫃台內的情形暴露在外，那只會增加自己的危險性，就風水的角度來看，這樣的設計是主破財的格局。

所以櫃台後方最好是以實牆為佳，就算後方是透明玻璃圍幕，也應該要在玻璃的下半段做一些處理，用木板當後靠或在玻璃上貼整片不透明貼紙來阻隔外人的視線，但

↑ 圖中的櫃台雖採密閉式設計，但櫃台側邊卻是透明的大落地窗，有錢財露白之虞，
應在紅色虛線處以霧面玻璃或不透明貼紙做遮擋。

所修飾的高度一定要高過櫃台的高度約三十公分左右才能
達到阻隔視線的效果，鏤空或半透明的貼紙都無法達到完
全的效果。

櫃台必須要採密閉式的設計

換句話說，櫃台不能只有一片桌板而桌底下卻是懸
空的，它必須是從上到下完全密閉的情形，這個道理就跟
「財不漏白」的意思相同，懸空的櫃台乃是漏財的象徵，
表示財庫無守，守不住錢財都然就累積不了財富。

收銀機的擺設方位

收銀機的擺設方向必須背對顧客，也就是收銀機放錢的抽屜那一面必須朝內，少數店家為了方便結帳就將收銀機朝外或朝側邊擺設，如此一開一關之間，裡面有多少錢都能一目了然，若是遇到有心人，難保不會影起歹徒覬覦。

↑ 收銀機的抽屜櫃只能朝內不能朝外。

若是店內有保險箱或保險櫃，最好是能放在辦公室內，若店內沒有規劃辦公室，也要採隱藏式設計，不可大刺刺的就擺在店內的某個角落，雖然是上了鎖，但這也屬於錢財露白的設計。

財位有缺角等於財運受重傷

陽宅的基本條件之一，就是要室內格局方正、使用土地面積也要方正為宜，但現代的建築因為規劃有許多的公共設施，佔據了原有的室內空間，造成房子缺角的情形，若只有輕微的缺陷則無需太介意，若缺角的情形大於長、寬的三分之一以上，就視之為缺角，那就要特別留意了。

　　財位是一間陽宅用來造財、旺財最理想的方位，如果不湊巧，您的店面或辦公室迎財方位正好是缺角時，將會導致您的財運如一灘死水、閉塞不暢。因此，建議您可依據缺角的方位擺放趨吉避凶的吉祥物，藉由五行運轉，通暢缺角所阻擋之財氣。

各種缺角情形的補救方法

(1)東北方、西南方缺角：

　　可以在缺角的位置擺放圓形瓷器就可以化解了，因為東北方和西南方的五行都屬土，由土製成的圓形瓷器能夠讓氣流產生迴旋，圓形的瓷器花瓶放在這裡，會讓整個房子的氣流循環順暢，把缺少的能量自然的補足。

(2)正西方、西北方缺角：

　　正西方和西北方這兩個卦位的五行屬金，必須在缺角的位置擺放銅製或鐵製的圓球或大圓桶，就可以相對化解缺角所產生的氣。

(3)正東方、東南方：

　　若是房子的正東方或東南方有缺角的情形，可以將圓形的盆栽擺在缺角的位置上，讓氣場完全化解。東南方與正東方一樣，五行皆是屬木，只要擺上一些綠色植栽物體，而綠色植物就可以轉化不好的氣，讓家裡有肝膽、四

肢毛病的人症狀可以減輕。

(4)正北方缺角：

　　正北方五行屬水，所以建議在缺角的位置上擺水缸或水族箱，建議採用會滾動的水球是比較理想的，當一個圓球在此讓氣場一直循環，水不斷的轉動，讓水蒸氣一直上升，也會帶給氣場無限的吸力，原來空間不好的氣場就會被制化轉為吉氣。

(5)正南方缺角：

　　正南方五行屬火，要擺相對應的物體來化解，例如水晶、玻璃琉璃，或是有尖圓形造型的物體，尖圓造型的物體可以讓缺角的氣場平和、中庸，故缺角處有相對應的物品讓它改變，才能讓我們居住者可以平安吉祥。

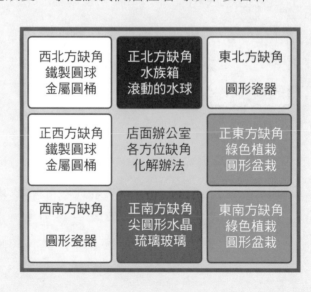

西北方缺角 鐵製圓球 金屬圓桶	正北方缺角 水族箱 滾動的水球	東北方缺角 圓形瓷器
正西方缺角 鐵製圓球 金屬圓桶	店面辦公室 各方位缺角 化解辦法	正東方缺角 綠色植栽 圓形盆栽
西南方缺角 圓形瓷器	正南方缺角 尖圓形水晶 琉璃玻璃	東南方缺角 綠色植栽 圓形盆栽

■ 讓你賺不到錢的店面規劃 14

在店面或辦公室內安置神位

　　在華人的社會當中，許多人會在做生意的場所安置神位，其目的無非是希望所安奉的神明能夠庇佑自己的生意，讓自己發財賺大錢。或許有人會問，難道只要店裡供奉了神明就會比沒供奉的賺得多嗎？從比較科學的角度來看，向所供奉的神明祝禱，最主要的並非是祈求神明的「神助」，相反的，它具有「自助」的功用，因為當我們在尋求諸神無形力量的幫助時，其實就具有增加本我自信與能量的功能，兩者其實是相輔相成的，本我的自信增加之後，必然會在事業上更加衝刺和努力，事業自然能有所突破和發展，如果我們能抱持著這種健康的態度來看待這些供奉在店裡的神祇，相信好運一定會降臨在您的身上！

家中與營業場所中供奉神明之差異

　　其實並沒有人規定在營業場所中要供奉哪一尊神明，不過開店做生意的目的，無非就是要求財，所以最理想的

供奉對象當然是以財神爺或與掌管財祿有關的神明最為理想，像是文財神、武財神、關聖帝君、福德正神等等，當然，因應個人所從事的行業別不同，也可以選擇自己行業的祖師爺作為主要供奉的對象，俗話說：「會幹這行都是因為祖師爺賞飯吃。」所以在店裡面供奉本行的祖師爺也是很好的選擇，各行各業之主祀神有很多，本文無法一一詳加介紹，有興趣的朋友可以去查閱相關的資料。

至於一般人在家中最常供奉的諸聖尊佛菩薩等，可能在屬性上與做生意賺錢比較沒有直些關係，再者，生意場所人聲鼎沸、環境雜亂，若是將諸佛菩薩安座在此，恐怕不是很好的選擇。

商辦店面安置神位重點

在營業場所或辦公室內安置神位與在一般家庭中安置神位的重點基本上是相同的，神位的位置首重藏風聚氣，所以在選擇安置的位置時就必須以能藏風聚氣的空間為吉。但是營業場所內，要尋找一面牆來安置神位已經是很不容易的一件事，況且還要選擇宅卦的生氣方或旺氣來安座方吉，所以我們要安神位之前，必須要先找出房子的生氣和旺氣方，再檢視房子裡的生氣方和旺氣方，是否能夠藏風聚氣？是否有任何沖煞？是否有任何不妥的規劃？然後選擇一個較理想的空間來安置。

　　安座的兩側不宜有門路來洩氣，更不能有沖煞正對著神位，它必須要有一方的牆面來聚氣，若能有雙面的收納牆，則氣就會聚，自然就會對財有幫助，否則神位安置錯方向或位置，對財的影響是很大的。

　　若是店面環境過於吵雜或凌亂，就不宜在店內安奉神明，否則有損神明之威嚴，對你的財運反而不利，若是店內另有清淨的辦公室空間，不妨將神位移至此來安座，在辦公室安座神位的原則亦相同，若真的找不到理想空間可以供奉神明，不如不安為宜，只要有虔敬之心，神明留在家中供奉也能得到相同的庇佑。

↑ 做生意的人，每逢初二、十六日可在公司或店門前擺設簡單供品祭拜土地公，或直接前往廟裡焚香祈禱亦可，不一定非要在營業場所內安奉神位。

中國正統風水命理學院擴大招生

風水執業班（一對一教學，學習效果更佳，保證學會！）

謹防假冒，請認明本人親自服務，坊間有冒名代理安排或代理執行鑑定造福之不肖之徒，請勿受騙，特此通告。

風水地理陰陽宅造福開運權威—陳冠宇大師

設硯服務處：
台灣台北市敦化南路一段233巷64號7F
陳冠宇本人預約電話：
02-27723487　　0928-279-865

服 務 項 目

陽宅吉凶鑑定

陰宅吉凶鑑定

辦公室求財祈福

風水吉凶鑑定

公司格局規劃

公司體制指導

心理建設醫療諮詢

歡迎不吝指教

風水地理陽宅陰宅鑑定服務
預約電話：(02)2772-3487

陳冠宇 大師之友入會說明書

一.宗旨

陳冠宇大師秉持二十餘年中國風水地理堪輿的豐富智識，以及源自大自然的命理精華，致力於風水命理學術之科學化研究，巧妙地把莫測高深的中國命理哲學生活化，而且淺顯易學，為服務長期追隨大師的社會大眾，組織散落各地的信眾，合力為普羅大眾祈福加持，特成立『陳冠宇大師之友會』藉由與大師的互動了解您個人需求，為您做開運加持、趨吉避凶，讓你財源廣進、家庭和樂、事業順遂。

二.入會資格

凡年滿二十歲，希望陳冠宇大師成為您的命理指南燈塔者，填具入會申請書，附上二吋照片二張，並繳納會費後，即為本會會員。

三.會員福利

會員可優先參加『陳冠宇大師之友會』所舉辦的各項活動，並享有會員獨有的優惠與權利。

1.「新年開運演講會」
2.會員可獲得「每年招財符籙」
3.會員獨享「心理諮商座談會」
4.定期舉辦「風水開運小秘方發表會」
5.會員可優先參加「開運加持祈福會」
6.定期舉辦「風水之看山看水」戶外活動
7.優先享有新書預約及會員折扣
8.各項開運產品及簽約商店之會員折扣

大師之友會
會場實況

四.入會費

入會費 二仟元　　年費 一仟元

五.會員獨享

凡加入本會成為會員者，即可免費獲得由陳冠宇 大師親自加持之『祈福開運招財寶』（寶卡正面會員照片，係為個人加持祈福之用）。

聯絡地址：台北市忠孝東路四段166號四樓
聯絡電話：（02）27315757　　　傳真電話：（02）27518338
聯 絡 人：王總經理　　　　e-mail：askmeall@ms68.hinet.net
郵政劃撥：17516725 戶名：陳德茂
（入會申請：請填寫入會申請表，附兩吋相片一張，郵寄回本會）

陳冠宇大師之友會　會員入會申請書

姓名		性別	出生年月日	出生地	現職	身分證統一編號
學歷			經歷			
戶籍地址					電話	
聯絡地址					電話	
					行動	
審查結果			介紹人		會員編號	
中華民國　　年　　月　　日				申請人：　　　　簽章		

陳冠宇 敬邀

開運晶鑽

八角切割的開運晶鑽能有效凝聚空間磁場能量，配合五行色系的特殊開運效果，達到驚人的旺宅、旺運之功效，是居家、辦公室、店面最奢華也最美麗的開運法寶！

綠色晶鑽：增強正偏財運、補財庫　　紅色晶鑽：增強事業運、考運、官運
藍色晶鑽：增強貴人運、處處逢貴人　　白色晶鑽：增強平安運、防五鬼小人
黃色晶鑽：增強健康運、延年益壽　　粉紅晶鑽：增強愛情運、姻緣圓滿

註：開運晶鑽可配合五行開運陣法，發揮出鑽石級的開運能量！

新品特惠價：每組568元、五行組合（綠藍黃紅白五組）2680元、圓滿組合（加粉紅共六組）3000元

開運招財祈福疏文

在正統祭祀禮儀中，必須準備一份正式的疏文，疏文是上呈給神明的正式公文，藉以向神明傳達心中所求之願望，是對神明或無相界表達最虔誠禮敬之心的重要工具！正式的疏文格式一般都是法師自用秘藏不傳，陳冠宇大師特別公開，望大家皆能開運發大財！

新品特惠價168元
（疏文五種+招財符）

琥珀聚寶袋項鍊

琥珀為佛教七寶之一，可安魂定魄、調和氣血、舒緩筋骨，琥珀特有的磁場更可以避邪除障，金黃色的琥珀聚寶袋項鍊符合佛教密宗修持可得財利的象徵，不但有助護身修持保平安，還能兼具聚財及招福納祥的功效，真是一舉兩得的開運法寶！

註：琥珀聚寶袋墜飾為手工雕製，每只形狀略有出入。

新品特惠價：
2380元（±10克）、
2680元（±11克）

開運福袋

開運寶物何其多，
卻有幾樣能隨身帶著走？

現在買開運福袋
再送《開運一級棒》
原價680元

回饋專案
特價299元

開運福袋上有陳冠宇大師親自設計的開運徽章，加上盤長結與雙葫蘆，象徵福祿雙全、富貴綿長，內含招財功能超強的獨門祕藏招財金符、兼具避邪與招財的古錢、以及集合各種開運能量的天然五色水晶，隨身攜帶，能幫您轉運開運、補財庫、求姻緣、求健康、旺事業、招貴人、求文昌、護身保平安，絕對讓您福氣加倍、處處逢好運！

開運福袋內容

祕藏招財金符：招正財、求偏財。
白水晶：避邪鎮煞、增智慧。
黃水晶：招偏財、改善健康。
綠水晶：招正財、招貴人、旺事業。
粉水晶：求愛情姻緣、增進人際關係。
紫水晶：開運、增智慧、增強磁場。
古　錢：招財、避邪。

諸事如意

諸事如意以一隻母豬帶著六隻小豬加上八錠元寶，坐擁錢堆之上，象徵祈福求財一路發，金山銀山取之不竭用之不盡的吉兆，乃居家開運招財首選！豬自古被喻為多子多孫多福氣的象徵，「家」字中間就是豬，所以也象徵家庭圓滿之意，另外豬亦為生育力極強的動物，擺設在臥房床頭上有求子之象徵，能幫助有生育煩惱的夫妻心想事成！

規格尺寸：長15cm、寬9cm、高9cm（含底座）
+紅木底座+高級收藏錦盒
特惠價6800元
專案破盤價3980元

買就送

開運金卡一套（六張）
（市價1500元）

（另附獨家金豬招財秘笈，教您最正確的擺設方法）

風水大師陳冠宇開運系列叢書介紹

求財小撇步
$220元
介紹各種招財法背後的原理，讓小東西也能創造大財富。

招財一把罩
$220元
收錄陳冠宇大師畢生招財精華，讓你一試就發，屢試不爽。

賺錢奇門兵法
$220元
獨家紕漏風水大師陳冠宇從未公開過的賺錢奇門兵法，內容保證空前絕後！

開運發財一點靈
$220元
網羅大師十年來最受歡迎的開運招財法，招財見效、屢試不爽，要你不發也難！

孔明神數之神算一路發
$168元
最靈驗的占卜法，根據古籤文重新演譯，教你如何旺財、旺運、去小人、招富貴，全省暢銷熱賣！

吉祥畫讓你美夢成真
$99元
吉祥畫不但是文化與藝術的結晶，其中更蘊含強大開運能量，現代人不可不知，本書為三部曲之一。

吉祥畫幫你開創人生
$99元
吉祥畫不但是文化與藝術的結晶，其中更蘊含強大開運能量，現代人不可不知，本書為三部曲之二。

吉祥畫助你萬事亨通
$99元
吉祥畫不但是文化與藝術的結晶，其中更蘊含強大開運能量，現代人不可不知，本書為三部曲之三。

創造奇蹟的愛情秘法
$220元
運用風水和命理的巧妙結合，幫您解決感情或婚姻上的各種疑難雜症，完成幸福美滿的姻緣。

易經玄機VS企業管理
$149元
以易經推算流年運勢，讓你精確預測時勢及市場變化，搶佔先機，是成功人士的必備指南。

美夢傳真
$220元
結合東西解夢論述、處處充滿人生智慧卻又淺顯易懂，本書是您學習解夢的最佳參考書！

字裡乾坤
$220元
最玄妙的測字斷事法，可以預測未來、透視命運，你也能輕鬆學會測字。

億萬富翁開運大法
$99元
人無好壞命，只有懂不懂得開運，瞭解如何順天時、開天運，您就可能是下一個億萬富翁！

開運祈福寶典
$99元
最好的養生開運法，最貼近生活的民間開運秘方，教您如何一年四季、天天行好運。

開運一級棒
$399元(含開運福袋)
介紹最實用、最簡單的開運小常識，隨書附贈超值開運福袋，一舉兩得。

風水大師陳冠宇開運系列叢書介紹

陽宅風水不求人
$250元
從最基本的風水觀念到最實用的陽宅理論都有詳盡的說明,是買屋換屋者的最佳參考書。

居家設計快易通
$250元
針對室內設計常見的風水問題分類剖析,是陽宅造福、開運招財的最佳教材,全省狂銷、強力推薦。

風水自然環境學
$250元
陽宅風水經典實證大全集,是學習陽宅風水最佳的活教材。

成功店面設計學
$250元
超實用的店面設計指南,超強效店面風水招財法,讓小店面也能變成賺錢的金雞母!

易經占卜快易通
$220元
易經占卜是史上公認最神準的占卜術,讓你卜第一卦就上癮,快來體驗五星級的占卜超快感!

紫微算命不求人(一)
$280元
徹底顛覆紫微艱澀的印象,三分鐘立即掌握命運,輕鬆解讀人生的吉凶禍福,本書全套共四冊。

紫微算命不求人(二)
$249元
徹底顛覆紫微艱澀的印象,三分鐘立即掌握命運,輕鬆解讀人生的吉凶禍福,本書全套共四冊。

紫微算命不求人(三)
$249元
徹底顛覆紫微艱澀的印象,三分鐘立即掌握命運,輕鬆解讀人生的吉凶禍福,本書全套共四冊。

紫微算命不求人(四)
$249元
徹底顛覆紫微艱澀的印象,三分鐘立即掌握命運,輕鬆解讀人生的吉凶禍福,本書全套共四冊。

大師遇鬼記
$220元
大師告訴你如何與鬼共處的大智慧,並教你化解千奇百怪的靈異困擾。附驅邪避鬼保平安妙法。

陽宅風水快易通
$250元
專為購屋換屋而設計的陽宅秘笈,一次解決您挑選預售屋、買賣房屋、搬家等惱人的問題,輕鬆成為聰明的風水達人。

居家檢視快易通
$250元
全新快易通叢書首部曲,囊括所有極惡陽宅風水問題並提出最佳自保妙招,獨創的評量方式幫您揪出所有惱人的問題風水。

居家驗證快易通
$250元
全新快易通叢書第二部,所有居家極惡裝潢、大小沖煞一次現形,加上超完美改善建議教您趨吉避凶毫不費力。

居家開運快易通
$250元
全新快易通叢書第三部,根據個人命卦之不同而設計,陽宅規劃只需按圖施工,輕鬆打造最興旺的富貴宅第。

辦公設計快易通
$250元
超神效賺錢辦公室規劃,簡易上手,史上最強效商用辦公室必勝風水,為您的企業量身打造出最賺錢的金雞母。

聚寶盆 限量典藏版

財源廣進·金玉滿堂

招財聖品首選推薦！聚寶盆限量典藏版全部由高溫瓷土燒製，大小完全符合魯班尺的財庫尺寸，並由名家手繪象徵福、祿、壽的各式吉祥圖案，再經陳冠宇大師親自開光加持，招財效果超靈驗！每一件都是獨一無二的精品！

專利商品，仿冒必究

註：聚寶盆限量供應，需事先訂製，如須等待，敬請見諒。　　　產品編號：A0001

聚寶盆限量典藏版三大滿意保證　　專利證書案號第D106701

1. **限量保證** 為了確保品質，聚寶盆限量典藏版採先訂購後製作，每個聚寶盆都是名家純手工製作、精心拉胚彩繪，耗時耗工，並擁有陳冠宇大師加持印及限量典藏編號，保證每一個都是世上獨一無二的珍品！

2. **開光保證** 聚寶盆在粗胚成形後，先經由陳冠宇大師於聚寶盆底用印加持，燒製完成後再經由大師親自開光。

3. **使用保證** 只有陳冠宇大師才敢提供的售後服務！不只讓你擁有市面上獨一無二的聚寶盆極品，還教你如何正確使用，切記！用對方法聚寶盆才能發揮最大聚財效力喔！（訂購時請附平面圖）

尺寸：圓徑46公分

造型：聚寶盆盆口有九蝠相連，象徵福上九天；盆身有蝙蝠、金錢、壽桃，象徵五福臨門、高官厚祿、長命百歲，加上精緻的吉祥紋飾，除了催財效果超強，本身更是件完美的藝術品。

贈送：水晶球、加持之獨門祕藏正財符籙、偏財符籙，讓聚寶盆更加靈感！

使用方法：聚寶盆適用於居家、店面、辦公室，先找出財位所在，再配合主事者的八字，擇吉日安置。

建議售價：NT.19,800元

特惠價 16,800元

訂購專線：(02)2947-9208.0918362268

開運招財 青花 蟠龍瓶

龍 為中國四靈之首，自古便是祥瑞與尊貴的象徵。龍在風水上的運用也十分廣泛，從旺氣開運、制凶化煞、招財納福都有十分顯著的功效。

開運招財青花蟠龍瓶乃委託知名陶藝家覜製，依吉祥尺寸全手工拉胚繪製，瓶頸、平底以純金陰陽彩繪法繪製，瓶身及瓶底再經陳冠宇大師用印加持，從上到下都深深吸引眾人目光！開運招財青花蟠龍瓶不止是一項風水寶物，更是中國藝術的結晶，極具增值空間，市價動輒數十萬元，堪稱極品中的極品！

開運招財青花蟠龍瓶的三大神效

招財納福：
以龍來招財，又以「青龍」效果最佳，財屬水、青龍屬木，取水生木便可輕易達到招財、聚財的效果。

氣轉乾坤：
陽宅若氣場不順，將開運招財青花蟠龍瓶置於店面、辦公室或居家玄關的入口，可以加速氣場的流動，將氣往宅內引導，讓室內空間充滿旺盛氣場。

生旺化煞：
龍為至剛至陽之聖物，以開運招財青花蟠龍瓶當居家擺飾可讓宅中昇起一片祥瑞之氣，另對於宅內外的陰煞之氣也具有極佳的鎮煞效果。

使用禁忌：
由於龍過於威猛，不宜擺設在房間內或正對房間；宅主生肖屬狗者亦不適用，可改以開運圓滿如意轉氣瓶替代之。

頂級極品

產品規格

開運招財青花蟠龍瓶(大)
產品編號：A0007
規格：瓶高65cm、瓶圍120cm

開運招財青花蟠龍瓶(中)
產品編號：A0008
規格：瓶高40cm、瓶圍84cm

開運招財青花蟠龍瓶(小)
產品編號：A0009
規格：瓶高25.5cm、瓶圍61cm

＊以上產品皆附贈精緻典藏盒、招財符、高級紅木底座

(大)原價：NT50000元
限量搶購價 32800元

(小)原價：NT12800元
限量搶購價 8800元

(中)原價：NT36000元
限量搶購價 16800元

註：本產品為限量精品，須事先訂製，如須等待敬請見諒。

招財進寶甕

陳冠宇大師強力推薦

創造五鬼偏財
最佳風水寶物

招財進寶甕是根據大師的五鬼招偏財秘法設計而成，瓶身廣闊能容四方財寶，瓶口內縮使財氣有進無出，加上純金彩繪能招金納銀，配合大師每年所發表的五鬼招偏財秘法使用，招財效果一極棒！股票族、樂透族的朋友千萬不要錯過！

註：純手工拉胚彩繪，限量訂製，如須等待敬請見諒。

訂購專線：(02)2947-9208. 0918362268

產品編號：A0018

規格：高16.5cm、直徑16cm、
　　　精緻典藏錦盒、七寶
原價6680元

感恩回饋價 5680元

開運圓滿如意轉氣瓶

「開運圓滿如意轉氣瓶」由日本進口的高溫瓷土燒製而成，轉氣瓶有「金口」與「九幅」，象徵「九福臨瓶、招金納銀」；上段是八吉祥圖，代表「八大吉祥、平安如意」；下段有象徵福氣的「蝙蝠」、象徵財富的「古錢」、以及象徵長壽富貴的「壽桃」，三者集於一瓶，表示「福祿壽三星齊聚」，再經由風水大師陳冠宇親自開光加持，效果更強！

產品編號：A0002

現在購買「開運圓滿如意轉氣瓶」，特別加贈斬桃花用金錢劍一把，
限量特惠價9999元！趕快搶購！

用途：
聚氣招財：
將「開運圓滿如意轉氣瓶」置於陽宅中的財位，可產生聚氣、旺氣、招財致富的效果。
夫妻圓滿：
開運圓滿如意轉氣瓶內放金錢劍一把，擺設在臥房之內，可以斬斷任何桃花糾葛、使夫妻感情更加恩愛、圓滿如意。
氣轉乾坤：
陽宅氣場不順，可將「開運圓滿如意轉氣瓶」放置在店面、辦公室、或居家的玄關入口，可加速氣場的流動，亦可將氣往內引導，讓陽宅匯聚旺氣。

尺寸：瓶身圓徑30公分、高26公分
　　　瓶口內徑8公分

節節高升開運竹

竹子自古便是中國人最喜愛的開運植物之一，因為竹子具有多節、且不斷向上增長的特性，象徵「節節高升」的吉祥意義。節節高升開運竹是以翠綠之冰裂釉燒製而成，脫俗典雅、氣派大方，不僅保有竹節造型，本身更是一件精美的藝術品；瓶身、瓶底再輔以八卦、平安符與陳冠宇大師用印加持，以達到最佳的開運效果。如果您的人生正處在低潮，運勢不開、事業毫無突破、學業工作停滯不前，節節高升開運竹可以助您開通運勢，創造人生新契機；此外當成居家擺飾，也能達到鎮宅保平安、開運造運的神奇效果，絕對是家家戶戶必備的開運聖品！

使用方法：可擺設在客廳、書房、玄關、辦公室、店面等明顯的地方，求事業財富者可在瓶中插九支開運竹(萬年青)，求功名學業者可內置四隻文昌筆。

規格： 高40cm、瓶口圓徑9cm、瓶底圓徑13cm(附高級紅木雕花底座、收藏錦盒)

原價3600元
限量典藏價2980元

八卦開運瓶

「梅瓶」是發明於宋代的一種特殊瓶式，為中國瓷器的代表形式之一。

八卦開運瓶是以中國最著名的鈞窯梅瓶為藍本，再漆上朱紅色特殊釉料，經窯變之後，每隻瓶身都會呈現出獨一無二的特殊紋路，瓶上有金色八卦加持，讓八卦開運瓶更具收藏價值，擺設在陽宅的任何角落，皆可產生轉氣開運、鎮宅保平安之效，絕對值得擁有！

使用方法：
要轉化陽宅氣場，可將梅瓶置於玄關或陽宅入口處，八卦朝屋外，置於臥房內避免將八卦對到床；求姻緣者可於瓶中插梅枝或玫瑰三枝；求財者可插銀柳或開運竹三枝。

規格：瓶身24cm、圓徑15cm （附贈精美典藏錦盒、紅木底座）

訂購專線：(02)2947-9208、0918362268

產品編號：A0012
原價2980元　限量特惠價**2580**元

招財如意盤組

三合一經裝典藏版

產品編號：A0006

招財如意盤是結合了開運畫的無相能量與磁器的精美質感所產生的風水極品，不論當作居家擺設、店面裝飾，都能幫您改變磁場，達到開運聚財的最佳效果。

尺寸規格：招財盤×3 圓徑26公分 ＋ 高級木框（127公分×45.3公分）　原價12800元　**特惠價 8888元**

五行招財盤

年年銷售冠軍！！
超人氣招財寶物！！

古錢經千萬人的使用，具有旺氣的效果。五帝錢是指五位當旺的皇朝所鑄的錢幣，以五帝錢招財，可達到借氣補氣，旺財興運的效果。五帝招財盤是最簡易有效的招財用品之一，精緻美觀，聚財效果又佳，堪稱是迷你聚寶盆！

原價2980元　**特惠價 2380元**

產品編號：(黃)A0017

產品編號：(藍)A0010　　產品編號：(白)A0019　　產品編號：(綠)A0020　　產品編號：(紅)A0021

使用方法：將五行招財盤安置在貴宅財位上，五枚五帝錢擺在招財盤的四個角落和正中間，四枚硬幣必須分別落在東南西北四個方位上，代表東南西北中五路進財的意思。

規格：圓徑19cm＋精緻典藏盒＋高級紅木底座＋招財符＋五帝錢×5枚

新開運招財貔貅王

集旺財、守財、鎮宅、擋煞、避邪於一身的貔貅，神奇之功效廣受推崇。新開運招財貔貅王為貔貅飾品中之經典，以岫玉全手工精雕細琢，仿古的造型與質感堪稱精品中的精品，配合五帝錢與招財符一同使用效力更強！不論是居家、店面、辦公場所，既是精緻的藝術品亦是招財鎮宅的開運物，絕對值得您珍藏擁有！

規格：高15cm×長20cm（大）、高14cm×長19cm（中）、高10cm×長16cm（小）

特別附贈：五帝錢、大師秘藏正財符、偏財符、收藏錦盒

限量典藏價：9900元（大）、8800元（中）、3680元（小）

項鍊規格：黃水晶串珠88顆
產品編號：C0011（公）、C0012（母）
手鍊規格：特殊切割面黃水晶串珠
產品編號：C0022（公）、C0023（母）

黃水晶招財貔貅

（公貔貅-男用；母貔貅-女用）特價 **1,680** 元

貔貅是中國古代的一種瑞獸，經常被當成驅邪、擋煞、鎮宅之用，貔貅喜愛金銀財寶的氣味，故常咬財寶回來討主人歡心，其招財、旺財的功能更是為人津津樂道。黃水晶的旺財磁場是所有水晶當中最佳的，配合貔貅的造型雕飾，將產生不可思議的強大功效！黃水晶招財貔貅可以讓您錢財過手、有進無出，幫您守住財富、守住平安，辟邪擋煞、增強旺財磁場，是您隨身開運的最佳聖品！

黃水晶開運印章

陳冠宇大師依照個人姓名、八字擇定最佳之吉日良時開刻完成，幫您精心調配印鑑之八卦五行能量，加上招財磁場最強的黃水晶印章，經常使用能開通運勢、增強財氣，當作銀行開戶印鑑可以幫您鎖守財庫，讓財源生生不息。

（有圓形章與方形章兩款，功效相同，視個人喜好選擇）

產品編號：(方)C0028　(圓)C0029

規格：高6cm、寬1.8cm，精緻蛇紋皮質印盒，訂購時請註明姓名、性別與八字，完成訂購後約須二星期工作天。

特價 **3,980** 元　　方圓對章合購特價 **7,680** 元

大師加持淨化、無上靈感、太歲保平安，消災解厄、增強磁場、招財旺氣

開運招財綠水晶&黃水晶

水晶的量能磁場在眾多寶石中是最強的，而綠水晶和黃水晶又是在所有水晶當中，旺財磁場最強的兩種水晶，開運招財黃水晶與開運招財綠水晶可說是開運水晶的左右護法，綠水晶以招正財的磁場為最強，黃水晶招偏財的磁場則是眾水晶之冠，二者可依個人情況交替佩帶，為自己創造最佳的財運，如果再配合適當的雕飾造型與加持，將會有不可思議的強烈功效！

＊運用天地靈氣、陰陽磁場、及每人生肖相生相剋的原理來增強磁場、消災解厄。

＊採用上等黃晶、綠晶，精雕細琢而成，經風水大師陳冠宇加持淨化，恭請守護神本尊加臨，藉由守護神強大的靈氣及水晶強烈的旺財磁場，讓您的人生光明無限。

＊太歲年最佳的護身寶物，不管正沖、偏沖，能讓您達凶化吉。

＊孝敬長輩的最佳禮物，消災解厄、護身保平安，開運招財水晶讓您福壽綿綿。

＊您平日最貼身的幸運符，佛光護體、增強磁場，讓您事事如意、歲歲平安。

＊犒賞員工的最佳贈品，招財旺氣、紓解財困，讓您的事業蒸蒸日上。

＊送給子女的傳家之寶，增長智慧、納福納祥，陪伴他一同成長！

較適合佩帶黃水晶的時機：
投機失利、洩財、求財無門、彩券屢試不中、偏財不佳時。
較適合佩帶綠水晶的時機：
失業、降職、工作運不佳、事業運不彰、正財不彰、貴人不明時。

黃綠水晶一次購足
超值回饋價
2380元

生肖屬鼠者
佩帶千手觀音開運招財綠水晶
編號：綠/C0001 黃/C0014

生肖屬牛、虎者
佩帶虛空藏菩薩開運招財綠水晶
編號：綠/C0002 黃/C0015

生肖屬兔者
佩帶文殊菩薩開運招財綠水晶
編號：綠/C0003 黃/C0016

生肖屬龍、蛇者
佩帶普賢菩薩開運招財綠水晶
編號：綠/C0004 黃/C0017

生肖屬馬者
佩帶大勢至菩薩開運招財綠水晶
編號：綠/C0005 黃/C0018

生肖屬羊、猴者
佩帶大日如來開運招財綠水晶
編號：綠/C0006 黃/C0019

生肖屬雞者
佩帶不動尊菩薩開運招財綠水晶
編號：綠/C0007 黃/C0020

生肖屬狗、豬者
佩帶阿彌陀佛開運招財綠水晶
編號：綠/C0008 黃/C0021

訂購洽詢專線：(02)29479208.0918362268　　限量特惠價:1380元

財寶天王

財寶天王是藏傳佛教最著名的財神，為四大天王之一，又名多聞天王，掌管八路財神。選用招財磁場最強的黃水晶材質，戴上財寶天王就如天王護身加持，能發揮極佳的招財效果，可保事業興旺、財源滾滾、一生富貴享用不盡！

產品編號：C0024
規格尺寸：黃水晶財寶天王+黃水晶串珠88顆
原價2980元　**超值特惠價2280元**

黃晶蓮花 掛飾

蓮花不但象徵清靜、純潔、高尚，在傳統吉祥意義中，則是取「蓮花」的諧音「連發」。以黃水晶蓮花象徵「黃金連發」，配上大師獨門的招財金符，招財效果一級棒！
產品編號：C0025
規格尺寸：天然黃水晶蓮花墜飾+法輪中國結30㎝+招財金符
超值特惠價680元

訂購專線：(02)2947-9208. 0918362268

開運避煞水晶球

現代都市建築的設計的時候缺乏整規劃，經常會出現沖煞的情形，最常見的沖煞如：壁刀煞、簷頭煞、廟宇龍尾煞、以及正對家門的柱子、電線桿、行道樹等等，當陽宅外部出現沖煞的時候，就會讓居住者產生許多無名的災禍，例如破財、病痛、血光、犯小人等等，十分不平安，這時候就可以用水晶球來幫您擋災。開運避煞水晶球經過精心設計，具有特殊的切割面，當外部有任何沖射光體進入陽宅的時候，開運避煞水晶球能將任何角度來的沖射完全反折，化解掉外來的煞氣，常保居家平安、事事如意。

使用方法：
將開運避煞水晶球(小)懸掛於陽台、窗台或大門前，以紅絲線吊掛，高度以超過身高十五公分以上為佳，若沖煞嚴重，建議懸掛三個水晶球排成三角形以增加反射能量。若陽宅無處懸掛，亦可用底座置放在窗台或桌台上(大小皆可，以大水晶球為佳)，但必須要能對到沖射的物體。

產品編號：C0009

產品編號：C0010

特別附贈：懸掛紅絲線與吊鉤、八角透明底座。
(小)尺寸規格：40mm + 特殊切割面
限量特惠價800元

(大)尺寸規格：100m m+特殊切割面
特別附贈：八角透明底座
原價2680元
限量特惠價1980元

產品編號：D0002

招財進寶圖 規格：41×60.8cm

這幅招財進寶圖自推出以來廣受讀者的熱烈迴響，因為招財效果太過靈驗，讓這幅吉祥畫頓時成為最熱門的招財開運寶物。畫中最上面是大師獨門祕藏的招財符籙，中間是聚寶盆，下面則是代表連發財富的蓮花，三樣寶物齊聚，先是用靈符招財，再用聚寶盆來凝聚財富，最後再用蓮花來催旺所聚來的財富，想不發都難！

產品編號：D0003

和合二聖圖 規格：41×60.8cm

近年來和合二聖圖已成為幫助感情和合的最佳聖品，事實上早在數百年前人們就已廣為使用，功效由此可見！以夫妻貴人將此圖懸掛於房中，便可讓夫妻更加恩愛、夫唱婦隨、白頭偕老、永浴愛河，若是感情出現問題或碰到外遇爛桃花，亦可用此圖來化解，靈驗度極高！

產品編號：D0004

官上加官圖 規格：41×60.8cm

在競爭激烈的環境中，您有原地踏步、停滯不前的情形嗎？用官上加官圖可以讓您在職場上平步青雲、官運亨通，事業如旭日東昇、一鳴驚人，任何工作上的障礙都能一掃而空，讓您受貴人提拔，並且一展所長。

產品編號：D0006

八吉祥圖 規格：41×60.8cm

赫赫有名的八吉祥圖，是以八種象徵祥瑞的佛事法物所組成，包括法螺、寶傘、法輪、白蓋、寶瓶、金魚、蓮花、盤長等，具有強烈的無相開運力量，可以常保居家平安、家運興隆、事事順利，學佛者掛之亦有助開悟見性、透徹佛法。

產品編號：D0007

官居一品圖 規格：41×60.8cm

官居一品圖是以蟈蟈兒和菊花所組成，蟈蟈兒的發音與「官兒」相近，乃是祈求升官發財之意，太陽代表事業如旭日東昇、前途光明，最適合當成居家或辦公室裝飾，它能讓你在工作或事業上無往不利、步步高升、位居一品，它絕對是幫您升官發財最佳利器。

產品編號：D0008

連錢圖 規格：41×60.8cm

錢是財富最直接的象徵，九枚古錢相連貫串，代表財運亨通、長久不竭，蓮花代表連發財富、繁榮興旺，連錢圖是用來求財最佳的吉祥畫之一，特別是開店做生意的朋友，掛連錢圖能夠改善財務狀況，讓你的生意不斷，把錢財一個接著一個通通拉進來。

原價2580元 **新版限量回饋價1980元**

產品編號：D0009

產品編號：D0010

產品編號：D0012

麒麟送子圖 規格：41×60.8cm

您有不孕或生育上困擾嗎？俗話說：「天上有麟兒，人間狀元郎」，麒麟送子圖是以童子乘麒麟由天而降，頸上戴著長命鎖，一手持蓮花、一手持如意，用來祈求連生貴子，自推出以來，已造福無數求子無門的有緣人，若能再配合夫妻之貴人日懸掛，應驗度其高無比。

狀元及第圖 規格：26×39.3cm

童子身穿官袍象徵出任高官，再取魚躍龍門而化為龍的衍伸意義，故稱為狀元及第。圖上另懸掛四支文昌筆，以祈求四巽文昌梓潼帝君加持，再以水晶球凝聚智慧能量，可讓家中唸書的子弟心思敏捷、思緒清明，將狀元及第圖懸掛於陽宅的文昌位上，能讓小孩的學習事半功倍、考場上無往不利。

※特別附贈：文昌筆四支(以硃砂
　　　　　　開光)、天然水晶球

三星高照圖 規格：41×60.8cm

所謂三星是指福、祿、壽三星，此圖流傳百年一直受人喜愛，因為畫中有象徵長壽的南極仙翁、象徵福氣的蝙蝠及代表財祿的仙鹿，三者齊聚，充滿祥瑞之氣，適合當成居家開運擺飾，更適合獻給長者當賀禮，此圖能祈求長者身心健康心情愉悅，為他添福添壽添財運。

產品編號：D0013

產品編號：D0014

四季發財圖 規格：41×60.8cm

此圖以四季花卉來代表一年春夏秋冬，都能花開富貴，圖中的金銀財寶象徵財源滾滾、四季進財的意思，若個人財運或事業運起伏不定，財祿總是時好時壞無法如心所願，此圖可以幫助你財運平順、四季興旺、日日進寶、天天有財來。

平安如意圖 規格：41×60.8cm

此圖以四季花卉來代表一年四季，都能花開富貴，寶瓶取其諧音「平」，代表平安，加上玉如意表示一年三百六十五天，都能日日平安、萬事如意。若有運勢不順、災禍不斷，或是疾厄、官訟纏身、小人五鬼暗害者，都能用此圖助您趨吉避凶、轉禍為福、平安順遂、萬事太平。

何謂開運吉祥畫？

開運吉祥畫是中國文化與藝術的結晶，早在二千多年以前，中國老祖宗就已經知道用吉祥畫來開運造福，它不只是怡情養性的工具，其中更蘊含了許多強大的開運能量，它可以藉由視覺影像將吉祥訊息傳達給大腦，讓人產生正向的腦內分泌，如果能夠善用這股神秘的力量，你將能輕鬆的掌握未來，開創人生美好前程！

訂購專線：(02)2947-9208
　　　　　0918362268

開運五龍圖

龍自古便是帝王權勢尊貴的象徵，除此之外，龍也是具有鎮宅、生財、開運效果的靈獸，一直以來都是達官貴人的最愛。開運五龍圖代表東南西北中五路開運、五路進財，懸掛開運五龍圖，立刻讓您滿室生輝、財源廣進、好運旺旺來！

註：開運五龍圖乃是中國蘇繡之精品，以金絲線純手工繡製而成。

產品編號：D0011

限量特惠價：**8800**元

尺寸規格：64cmx64cm ＋ 高級金漆藝術外框

合作無間
祈福開運字畫

所謂團結力量大，內部的團結和諧是任何團體穩定成長的原動力，大到跨國企業、小至商店門市，能不能永續經營、財源廣進，關鍵就在於「團結」！合作無間祈福開運字畫能凝聚公司向心力、避免內部亂源發生，讓您的事業一舉攀上高峰！

使用方法：以毛筆點硃砂在黃紙上畫一圓，代表和諧圓滿，再將所有股東姓名寫於圓圈內，放進紅紙袋中，貼於「合作無間祈福開運字畫」背後即可。

產品編號：D0005　（本真跡非印刷品）

尺寸規格：60.6cmx47cm ＋ 高級紅木外框

限量特惠價：**6000**元

紫竹高升名簫

簫是兼具開運與避煞作用的風水吉祥物，首先簫的竹節代表節節高升，對於財運、事業、學業、個人運勢都有催旺的功用；其次簫具有「消」的意涵，代表消遭解厄、趨吉避凶，可以去禍求平安；另外，簫也代表「銷」的意思，想要讓售屋或售貨更加順利者，可將簫掛於宅屋或店面，有助銷售願望的達成。

超值特惠價：**1280**元

訂購專線：(02)2947-9208. 0918362268

產品編號：B0053　尺寸規格：長60cm

招財、鎮宅、化煞、保平安

所有願望一次滿足！

符以為歸利倍長

道之所在財方聚

陳冠宇大師強力推薦！

居家必備護宅開運寶物

太上老君鎮宅化煞招財靈符中堂

陳冠宇大師精選太上老君七十二道靈符中之九道，規劃成九宮吉祥靈符中堂，誠敬奉之可讓家宅一切吉慶、福壽增延，子孫榮顯，財源廣進，升官發達，妖魔鬼怪不入侵，鎮宅平安，家運不興或家宅不平安、常有陰靈干擾者最適合懸掛，讓您一次解決家中所有問題。

產品編號：D0014　規格尺寸：長107cm、寬82cm　　　　原價8800元　特惠價**6600**元

廿八星宿鎮宅盤

青龍鎮宅盤(東方)
產品編號：B0081

白虎鎮宅盤(西方)
產品編號：B0082

朱雀鎮宅盤(南方)
產品編號：B0083

玄武鎮宅盤(北方)
產品編號：B0084

廿八星宿分為東方蒼龍、西方白虎、南方朱雀、北方玄武，各由七宿所組成，有別於傳統的鎮煞物採取以剛克剛的方法，廿八星宿鎮宅盤是以東、西、南、北四方各七宿之波率，採用以本制本之原理，以其本身的星宿能量來作制化之磁力反射，這種能量絕對是超越坊間各種鎮煞的寶物，就算宅屋外沒有沖煞亦可使用，只要依各個宅屋的方向於外牆上掛上鎮宅盤，必能達到鎮宅化煞或是開運招財之最佳天上星宿能量（四方皆掛可達四方擋煞、四方進財、一切圓滿之效）。

規格尺寸：長21cm、寬27.5cm
立掛兩用式高級紅木框

超值特惠價**2980**元

開運金卡

每張特價268元
全套八張優惠價1980元
尺寸規格：8cm×5cm

招財進寶金卡
招正財、招偏財、旺財運、
聚財氣，讓您財運亨通

和合二聖金卡
調和陰陽、使夫妻圓滿、堅
定情感、永結同心

官上加官金卡
增強運勢、求官求職勢如破
竹、事業步步高升

四季發財金卡
四季興旺、日日進財、
天天有財來！

連錢金卡
正財偏財通通來，把金銀財
寶一個一個拉進口袋

八吉祥金卡
趨吉避凶、開運保平安、可
除小人、避太歲沖煞

狀元及第金卡
明心見性開智慧、增強文昌
運，考試謀職無往不利

麒麟送子金卡
求子求女、任何生育上的問
題，一次讓您獲得解決

三十六天罡招財盤及七十二地煞鎮宅盤，乃漢代名門貴族及官宦世家用來開運避煞的神奇寶物，埋於地基的五方位(即四樑柱與中心點)，有鎮宅、制煞、招財、祈福之功效。

三十六天罡招財盤 尺寸規格：圓徑22公分+精緻手工中國結
用途：懸掛於居家、辦公室、營業場所之旺位，可祈福利市、廣收四方財寶、
催財旺財、金玉滿堂。另置於新建地基五方位效果更佳。

七十二地煞鎮宅盤 尺寸規格：圓徑22公分+精緻手工中國結
用途：陽宅外圍有巷沖、路沖時，將七十二地煞鎮宅盤掛於有沖煞的方位；
若居家不平安時請掛於大門之上，方可制煞化煞、迎福納祥。

八吉祥如意盤

以佛教卍字印及六字大明咒為中心，再以八吉祥遍佈四
面八方，懸掛於室外可以鎮壓各種陰靈煞氣使之無法入
侵，常保住家一切平安，懸掛於室內可讓佛光普照一切
，具清淨陽宅氣場之效，讓宅內時時充滿祥瑞之氣，一
物兩用、內外皆宜！

產品編號：B0051

產品編號：B0052

超值回饋價 **2980**元

產品編號：B0054　　規格：圓徑22公分+精緻手工中國節

特價 **2980**元

訂購專線：(02)2947-9208.0918362268

黃金開運畫

純金９９９製造
高級木框可立可掛

回饋開運價每幅2380元
規格：21cm×26cm

黃金招財進寶畫 編號：D0101

黃金和合二聖畫 編號：D0102

黃金官上加官畫 編號：D0103

黃金八吉祥畫 編號：D0104

黃金麒麟送子畫 編號：D0105

黃金連錢圖 編號：D0106

如意真跡祈福中堂字畫

人的運勢的旺衰，與充斥在空間中的氣場息息相關，而陽宅的氣場，來自空間內所有環境的擺設與動線規劃， 如果能適當的在空間中擺設吉祥物，便能夠輕易達到活絡氣場以及旺氣的效果。由陳冠宇老師以硃砂撰文祈福，並經特別加持，招吉祥、添如意，擇貴人日掛於陽宅旺位或老闆辦公室，招財、祈福、旺旺來。本真跡字畫非印刷品，以紅色緞布及紅木框裱飾，氣派非凡，具收藏增值空間，新居及公司開幕當賀禮，財源廣進，如意又吉祥。

產品編號：D0001

規格：87×154cm(含高級紅木畫框)

限量特惠價**12800元**

吉祥如意中國結

產品編號：B0061
規格：長36cm
超值回饋價299元

吉祥如意中國結是結合了大紅的祥瑞吉慶結、招財進寶綴珠、六字大明咒綴珠及大師獨門財運亨通靈符，用途十分廣泛，它可以掛在陽宅的任何角落，可以幫助您招福納祥、迎財開運，掛於車內亦可常保行車平安、出門一路發。

開運五帝錢

產品編號：B0053
規格：長38cm、五帝錢×5枚
陳冠宇大師獨門開運招財金符
超值回饋價268元

五帝錢是指清代最興盛的皇朝所鑄之錢幣，而古錢曾經過千萬人之手，讓其沾上千萬人的能量氣場，所以也有很強的招財及化煞作用。五帝錢可以旺財也可化煞、鎮宅、避邪、防五鬼小人，可說是既方便又好用的開運用品。

五行開運鍊

陳冠宇大師親自設計、指定推薦！

天地宇宙由五行元素所組成，只要讓自身的五行能量相生相旺，無論是健康、財運、事業、感情，都能行運無礙、逢凶化吉、大利大發！五行開運鍊乃大師根據五行生旺的原理所設計，貼身配戴能調整磁場、轉化能量，只要以五行齊全置於胸前，便能達到開運避邪之效用，也可招來未來十二年的好運！強力推薦！

五福臨門開運掛飾

集中國吉祥象徵於一體，以五蝠代表五福臨門，加上古錢象徵福在眼前，壽桃則表示福壽綿長，三者齊聚為福祿壽俱全之意，掛飾背後則有陳冠宇大師獨門的吉祥符，作為居家裝飾或車內掛飾都能讓你福運昌隆、事事順心。

規格：長47cm
黃色（求健康、保平安）　產品編號：B0063
綠色（招財運、補財庫）　產品編號：B0064
紅色（旺事業、防小人）　產品編號：B0065
超值回饋價每串399元

黑曜石福祿掛飾

黑曜石是一種用途廣泛的寶石，擁有強大的避邪功能，可讓你趨吉避凶、常保平安，並具有吸收負面能量的強大磁場，幫助你將不好的氣場排出。此掛飾是由黑曜石葫蘆（福祿）與吉祥中國結組成，加上大師獨門的招財金符，可讓你招財納福、避邪保安康，一次搞定！

(小)編號：C0027　(大)編號：C0026
超值特惠價：(大)580元/(小)399元

訂購專線：(02)2947-9208. 0918362268

平安一路發汽車吊飾

鎮煞化煞、趨吉避凶，掛於車內可保一路平安、事事順遂、出門見喜、滿載而歸！

產品編號：A0062
規格：長23cm
超值回饋價每串399元

正面　　　背面

百財圖‧百祿圖

最富喜氣的開運聖品
功效宛如聚寶盆！招財更勝開運畫！

中國以「十」代表完全，以「百」代表圓滿無缺，百財圖與百祿圖以百種不同的字體，代表能夠廣納天地八方各種財源、收盡五湖四海所有利祿，不論您從事何種職業，也不論您想招何種財運，它們都能幫助您見財得財、達祿進祿！

編號：D0016

編號：D0015

開運梅花錢掛飾

正面為「長命守富貴」五字，背面五種吉祥圖騰代表「財福祿壽禧」，古人將梅花錢掛於座椅後背或座位後方牆上，一來有助事業或官運亨通，二來可防小人背後暗害，現代人取其「沒花錢」的諧音，可防止漏財、守財庫，是您居家開運的好幫手！

規格：長40cm
+中國結

新品特惠價：499元

說明：新居舊宅、公司店面皆適用，請懸掛於進出最頻繁或是室內最顯眼的地方，只要增加與財祿二圖照面的機會，便可旺財於無形。

規格：長88cm 寬68cm

定價：6600元 新品特惠價4800元　二幅合購回饋價只要8600元

訂購專線：(02)2947-9208、0918362268

開運招財貔貅掛飾

旺正財

招偏財

招正偏財、鎮宅避邪，可懸掛於玄關、大門旁、客廳、辦公室、店面收銀台，既美觀又能招財擋煞，絕對超值！

規格：長36cm+中國結
（黃色招偏財、綠色招正財）

新品特惠價：每只680元

八吉祥如意寶甕

招財納寶　氣轉乾坤　吉祥入門

寶甕是所有祥瑞於一身的開運聖品，甕口用大片純金陰陽彩繪，能招財納寶、氣派非凡，甕身除了繪有蓮花能連發富貴、五帝錢旺五路財源、蝙蝠能納福迎祥，最重要的是八吉祥圖騰，法螺象徵聲名遠播，法輪象徵精進不停歇，寶傘代表遮蔽魔障，白蓋象徵降伏煩惱，蓮花象徵清淨離苦，寶瓶象徵聚寶無漏，金魚象徵無拘無束，盤長代表人緣廣結，讓你一次滿足人生的八大願望！

寶甕一物三用，可置於財位當成聚財甕，可擺在玄關當轉氣瓶，放在任何角落更是一件賞心悅目的藝術精品，當陽宅氣場經寶甕轉氣入宅，便可將財運和八大吉祥通通帶進家門！

甕口大片純金陰陽彩繪

特別附贈招財套組：
五色開運水晶、五帝錢、五路財神招財符、開運紅包袋，置於甕中可增強寶甕招財能量。

定價：19800元

新品鑑賞價16800元

國家圖書館出版品預行編目資料

為什麼賺不到錢 / 陳冠宇著

初版・台北縣中和市：鴻運知識科技，

[民98.06] 面；公分

ISBN 978-986-6492-03-7（平裝）

1.相宅

294.1　　　　　　　　　　98008720

為什麼賺不到錢

作　　者 — 陳冠宇

主　　編 — 蕭朝元

美術設計 — 蕭朝元

發行人 — 于靜波

出 版 社 — 鴻運知識科技有限公司

地　　址：台北縣中和市自立路66號1樓

電　　話：(02)29479208・89431191

傳真電話：(02)29479409

劃撥帳號：19755641號 戶名：鴻運知識科技有限公司

電子信箱：hold.yung@msa.hinet.net

印刷製版 — 昇昇印前科技股份有限公司

地　　址：台北縣中和市中山路2段315巷4號2樓

電　　話：(02)82455838

總 經 銷 — 采舍國際 www.silkbook.com 新絲路網路書店

地　　址：台北縣中和市中山路二段366巷10號3樓

電　　話：(02)82458786

傳真電話：(02)82458718

全系列書系特約展示：橋大書局 台北市南陽街7號2樓

新絲路網路書店：台北縣中和市中山路二段366巷10號10樓

星馬總代理 — 新 加 坡：諾文文化事業私人有限公司

Novum Organum Publishing House Pte Ltd 20,Old Toh Tuck Road,

Singapore 597655

TEL：65-6462-6141

FAX：65-6469-4043

馬來西亞：諾文文化事業私人有限公司

Novum Organum Publishing House(M)Sdn.Bhd.No.8,Jalan 7/118B,Desa Tun Razak,

56000 Kuala Lumpur,Malaysia

TEL：603-9179-6333

FAX：603-9179-6060

出版日期 — 2009(民98)年6月1日 初版

國際書碼 — ISBN 978-986-6492-03-7

定　　價 — 新台幣268元

【版權聲明】

本書有著作權，未獲書面同意，任何人不得以印刷、影印、磁碟、照相、錄影、錄音之任何翻製(印)方式，翻製(印)本書之部份或全部內容，否則依法嚴究。

◎本書如有缺頁、破損、裝訂錯誤，請向原購買地要求更換